coleção
pier paolo pasolini

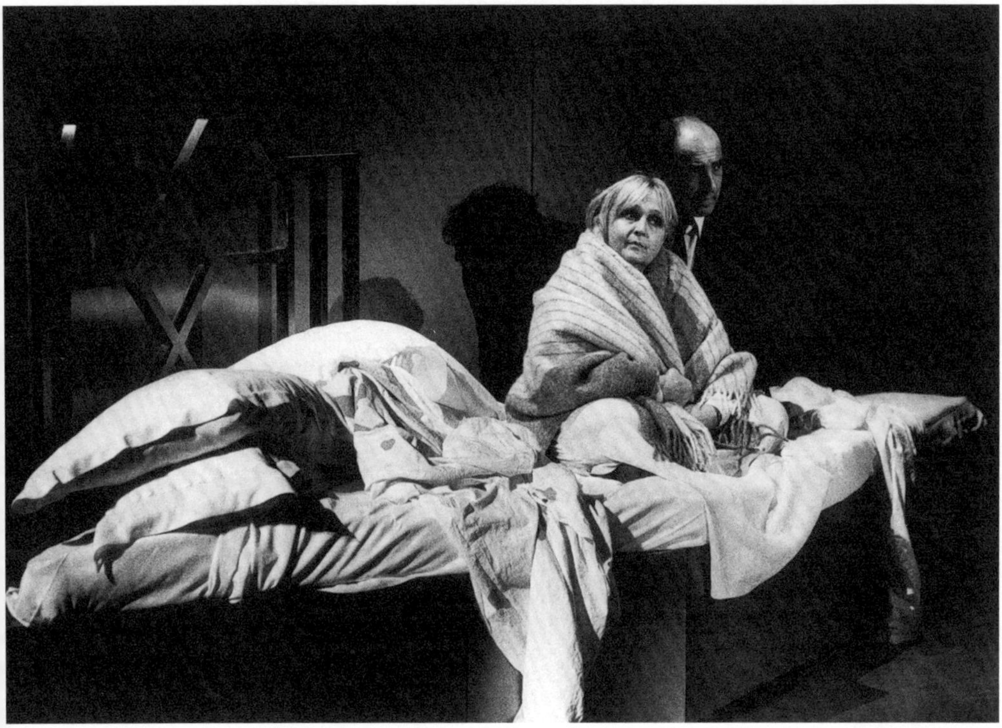

orgia
animal de estilo

teatro, v. 1

pier paolo
pasolini

traduções
alvaro machado, cláudia tavares alves e maria betânia amoroso

COSAC

SUMÁRIO

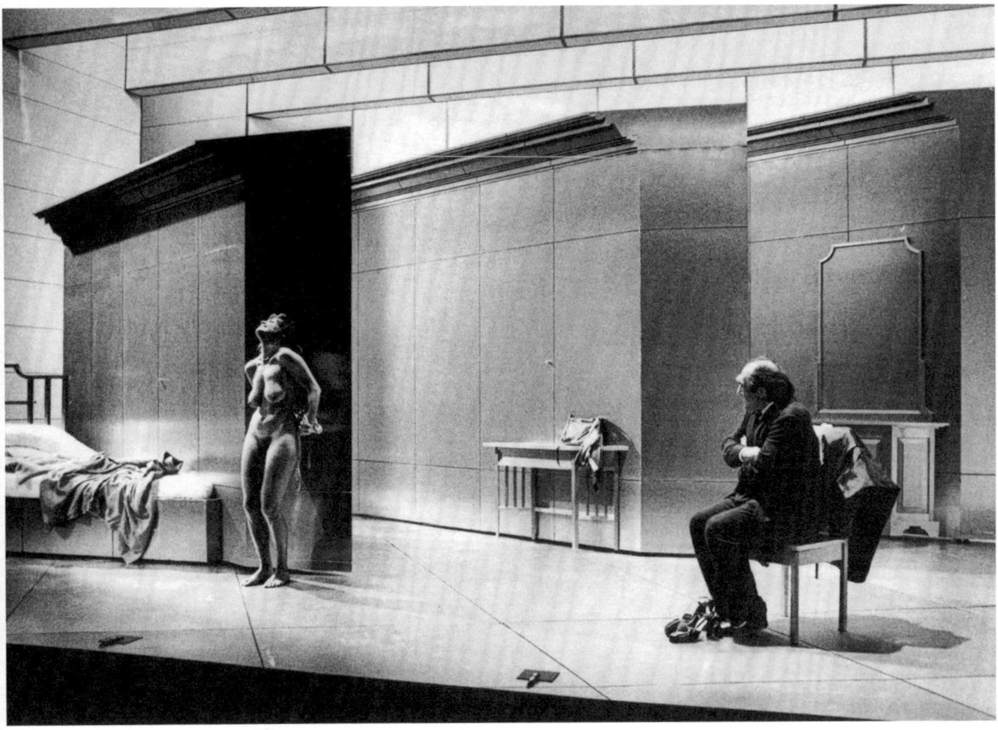

"Teatro de palavra", tragédia em re-versos

Alvaro Machado

Para este primeiro volume da reunião da obra teatral culminante de Pier Paolo Pasolini — suas seis *tragédias*, elaboradas entre 1966 e 1975 —, foram escolhidas as duas primeiras, *Orgia* e *Bestia da stile* [Animal de estilo]. *Orgia* foi iniciada no princípio da primavera italiana de 1966 (assim que o autor conseguiu empunhar uma caneta, na convalescença de uma úlcera gástrica hemorrágica) e finalizada em 17 de abril do mesmo ano.[1] A peça estreou com a própria direção do escritor em 1968, em Turim, sendo reescrita ou modificada mais de uma vez até 1970. Todo o projeto teatral pasoliniano maduro sofreu processo contínuo de reescritura, segundo inúmeros apontamentos e entrevistas.

Em seguida, também em 1966, o escritor concluiu a primeira versão de *Animal de estilo*, retrabalhando-a, no entanto, até 1975, quando foi assassinado, a incluir os acréscimos "Do episódio III da primeira versão" e "Epílogo da segunda versão" (presentes nesta edição), sugerindo, portanto, incompletude. Alimentada generosamente por referências políticas, artísticas, filosóficas e literárias, *Animal de estilo* dramatiza o papel do poeta-intelectual

1 Ver o "Prologo [dal programma di sala]" da encenação desta peça por Pasolini em 1968, em *Pier Paolo Pasolini, Teatro*, org. Walter Siti e Silvia De Laude. Milão: Arnoldo Mondadori Editore, 2001, p. 318. Esse volume também é a fonte das traduções presentes nesta edição, bem como de diversas de suas notas.

no século XX, entre os "rolos compressores" do nascente capitalismo neoliberal e do comunismo de Estado, a configurar uma espécie de *Terra em transe* setentrional, porém igualmente caleidoscópica. Ela foi referida pelo autor como "drama da situação humana e ideológica da cultura checoslovaca em confronto com a industrialização total".[2] Em sua primeira escritura, previu-se intervenções de dois coros, um "soviético" e outro "ocidental". No mais, Pier Paolo afirmou diversas vezes tratar-se de sua "autobiografia" — como se lê em "Teatro e metateatro", posfácio à peça nesta edição. Quanto ao título, explicou numa conversa com os críticos Adriano Aprà e Luigi Faccini, em resposta a uma pergunta sobre possíveis ligações entre suas teorias cinematográficas e sua poética: "Vocês estão loucos. É muito desagradável, saibam, para um autor, ver-se considerado sempre um *animal de estilo*".[3] O primeiro episódio da peça é iniciado, justamente, por onze versos entoados pelo coro, a comporem com suas letras iniciais o acrônimo "Viva lo stile" [Viva o estilo], seguindo-se em linha descendente de terrores até o oitavo, começado por outro acrônimo: "Abbasso lo stile" [Contra o estilo]. Curiosamente, imagem semelhante em torno da identidade social do escritor foi explorada em 1925 por Mário de Andrade e Manuel Bandeira ao idealizarem a apresentação do grupo modernista de São Paulo para o público do Rio de Janeiro, por meio do jornal carioca *A Noite*. Para tanto, Mário fez publicar ali seu "Monólogo dum elefante do Circo Sarrasani". Em outra coincidência, no "oratório profano", muito alegórico, "As enfibraturas do Ipiranga" (1922), o poeta paulista jogou com diversos coros num embate ideológico e poético entre classes, como Pasolini previu em sua primeira versão de *Animal de estilo*,[4] que, assim como *Orgia*, somente foi publicada postumamente.

2 Id., ibid., p. 1.199.
3 Id., ibid., p. 1.200.
4 Ver Sérgio de Carvalho, "Mário de Andrade e o teatro", in Alvaro Machado (org.), *Ideias e formas virais: o modernismo de 1922 em artes cênicas, música e cinema*. São Paulo: Ed. Sesc, 2023, pp. 42-43.

No "Prólogo [do programa de sala]" de *Orgia* distribuído na noite de estreia de 27 de novembro de 1968, o autor configurava seu teatro calcado fundamentalmente na palavra como forma antagonista de seu cinema. Ele recebera o Prêmio da Organização Católica Internacional de Cinema e o Prêmio Especial do Júri do Festival de Cinema de Veneza por *O Evangelho segundo São Mateus* (1964), entre outros reconhecimentos a um conjunto de oito longas e seis médias e curtas-metragens (até 1968), autorreferido como "língua da ação" e expressão da "realidade através da realidade".[5] De outro lado, suas peças constituiriam tanto reação à maré montante à cultura de massas em sua preponderância audiovisual pop — "incapaz de compreender a palavra" — como manifestação de "intenso ódio ao teatro", ideias cristalizadas em seu "Manifesto por um novo teatro" (1968), cuja tradução integra esta edição.[6] "Intenso ódio" dirigido sobretudo ao chamado drama burguês, surgido no século XVIII durante a ascensão dessa classe social e de longevidade comprovada até os dias atuais, embora sua ideologia — mas não sua forma — tenha sido dinamitada por dentro ainda no século XIX por Henrik Ibsen e August Strindberg, entre outros.[7]

Porém, apesar de as peças de Pasolini ecoarem os versos e os solilóquios da tragédia grega antiga, para o diretor Luca Ronconi elas constituíram sobretudo palco para uma "prestação de contas", ou "confrontação", com a burguesia, com a flagrante diferença, em relação aos helênicos, de as tragédias contemporâneas apresentarem unicamente heróis masculinos. Esse espectador da montagem turinesa sublinhou, ainda, o fato de o texto se ressentir da ausência das classes proletária e subproletária, tão invocadas pelo autor em artigos e debates, tornando sua tragédia, portanto, um "projeto utópico" e, na prática, a continuidade de um teatro burguês. Ronconi sentenciou:

5 Pier Paolo Pasolini, "La lingua scritta dell'azione". *Nuovi Argumenti*, abr-jun. 1966. Ver id., op. cit., 2001, p. 1.159.

6 Id., "Debattito al Teatro Gobetti", in id., op. cit., 2001, pp. 322-323.

7 Ver, por exemplo, Peter Szondi, *Teoria do drama burguês*. São Paulo: Cosac Naify, 2005.

> É um teatro contra a burguesia, obviamente, mas fazer em pedaços a burguesia é um dos esportes preferidos do teatro burguês; e o [teatro de Pasolini] é [...] destinado a um público burguês, à parte a utopia de imaginar uma elite proletária, que contudo jamais existiu...[8]

No aspecto formal, mais que "teatro de palavra", Pasolini filia suas seis peças maduras à "língua da poesia" da tragédia helênica, uma vez que "malgrado o coro, malgrado as máscaras, malgrado os gestos, o fundamental [nessas peças] era sempre o texto".[9] As raras ações em meio aos monólogos de *Orgia* evocam as de *Medeia*, de Eurípides — no entanto, assumidas dessa vez pelo "marido" —, e de *Édipo Rei,* de Sófocles, clássicos que ele filmaria nos anos seguintes. Em 1959, o bolonhês traduzira do grego a *Oréstia* esquiliana, comissionado por Vittorio Gassman, que a fez representar no Teatro Greco di Siracusa, em 1960, e no mesmo ano finalizara sua versão da *Antígona*, de Sófocles. Já em 1963 verteu para dialeto romano a comédia *Miles Gloriosus* [Il vantone, O soldado fanfarrão], de Plauto, baseada na comédia grega perdida *Alazon*, também a pedido de Gassman.

Contudo, nada à vontade "entre o teatro tradicional e o teatro de vanguarda", o autor pretendeu com suas tragédias uma "terceira via", justificada numa memória escrita ao longo das duas semanas em que acompanhou as récitas de *Orgia* no Teatro Stabile di Torino:

> Porque escrevi em versos, isto é, na "língua da poesia": e portanto num teatro no qual a *palavra* é utilizada em seu momento expressivo de máximo grau: ao mesmo tempo "ambíguo" e "absoluto". Eis por que — seguindo uma sugestão de [Alberto] Moravia — chamo o teatro

8 Pier Paolo Pasolini, "Un teatro borghese". Entrevista a Walter Siti, in id., op. cit., 2001, pp.XX-XI. Tradução do autor.

9 Id., op. cit., 2001, p. 1.200.

> tradicional, onde igualmente se fala muito, de teatro da "*chiacchiera*" [teatro de falação, ou tagarelice].[10]

De outro lado, ainda segundo o dramaturgo em 1968, "um teatro de palavra, ou seja, escrito em versos, num nível comunicativo objetivamente difícil", requeria

> um público diverso daquele que costuma ir ao teatro e que, portanto, está habituado a ouvir a prosa cotidiana; [sendo que] ao mesmo tempo, e entretanto, desde alguns anos habituou-se à loucura linguística e gestual, provocatória, do teatro de vanguarda, no qual [já] se delineia uma espécie de "academicismo". O *teatro de palavra* demanda um destinatário de alto nível cultural: ou melhor — dado que isso é injusto —, dotado de uma forte e verdadeira paixão cultural (um jovem, um operário: não necessariamente de posse de todos os instrumentos adequados para confrontar-se com uma "linguagem poética").[11]

Em outro texto resumiu, para efeito de entendimento pela crítica, seu *teatro de palavra* como "um misto de 'poesia lida em voz alta' e 'convenção teatral'".[12]

Porém, a maior parte do público turinês, embora "maravilhosamente educado e respeitoso",[13] odiou o resultado, mesmo não tendo chegado ao extremo da vaia. Num dos longos debates pós-récitas, o dramaturgo observou que

10 Id., "A teatro con Pasolini", texto no jornal *Il Giorno*, em 1/12/1968. Tradução do autor.

11 Id. ibid.

12 " Prologo [dal programma di sala]" da montagem de *Orgia* em Turim, 1968. Ver id., op. cit., 2001, p. 1.158.

13 Id., op. cit., 2001, p. 1.200.

> pode acontecer que lateralmente muitas coisas não sejam entendidas porque não existem os instrumentos específicos para entender a linguagem da poesia; porém basta a intenção, o real interesse pela coisa, porque, assim, de algum modo esses entenderão.

Alguém da plateia objetou: "Uma pessoa que não entende perde a paciência e não escuta mais...". Pasolini respondeu:

> Perderá a paciência e não escutará mais, se levantará e irá embora, se for mal-educada. Mas isso deve acontecer apenas num caso extremo: ou meu texto é obscuro a ponto de resultar absolutamente incompreensível, ou quem escuta é ignorante a ponto de não entender sequer aquele mínimo que qualquer um consegue entender da leitura de uma poesia.[14]

Mesmo representantes da imprensa "especializada", como o crítico do jornal *La Stampa*, afirmaram "não entender". Para Ronconi, os preceitos do "Manifesto por um novo teatro" mostraram-se, ali, totalmente contraproducentes — "pelo menos quando ele próprio os aplicou". Na memória desse diretor, a comunicação direta da mensagem ao espectador (que Pier Paolo afirmava valorizar acima de tudo) era "praticamente nula: a mensagem não chegava, as palavras retornavam na direção dos atores, como bumerangues".[15] Acrescentando dificuldade à transmissão do texto, no "depósito" que sediou a montagem (espaço alternativo no Teatro Stabile), microfones captavam as vozes dos intérpretes e por vezes as misturavam, a partir de uma mesa de som. Em outros momentos, um trombonista interrompia os diálogos, a "berrar" escrita musical de Ennio Morricone. O próprio Pasolini renegou sua única direção teatral:

14 Id., op. cit., "Debattito al Teatro Gobetti", p.324.
15 Id., op. cit., 2001, p.XXX.

> Foi uma experiência equivocada por minha culpa, porque tentei, justamente, alcançar com o teatro aquela famosa descentralização capaz de sobrepujar as diretrizes obrigatórias da cultura de massas. Mas, para isso, seria preciso decidir-me pela dedicação ao teatro como fizeram os pioneiros, pela vida inteira, ou então melhor renunciar.[16]

De resto, em versos do próprio "Prólogo" de *Orgia*, o autor antecipa de modo trágico e profético os derradeiros fatos de sua vida, sua morte violenta ao tempo em que — após terminar o filme *Salò, ou os 120 dias de Sodoma* — recebia saraivadas de ataques orquestradas por todos os espectros políticos vigentes na Itália de 1975: "Portanto, é assim que me figuram, depois de morto, os termos/ deste dilema (que nenhum espectador/ aceitaria jamais, e tentaria defender-se dele,/ desaprovando-o e vaiando-o, ou mesmo telefonando,/ eu poderia jurar,/ para a Delegacia)."

Assim, o teatro pasoliniano segue pouco montado, pouco lido e rejeitado pela maioria dos encenadores. No entanto, o autor teria considerado, para a *mise-en-scène* de suas tragédias, o rito teatral em essência, apontando, como pressuposto para instaurar a comunicação pretendida — mas não lograda — em Turim, "um alto grau de cumplicidade entre palco e plateia [*ente único*, segundo o Manifesto por um novo teatro]", a fim de que a *palavra poética* lograsse o mistério do "entendimento", não obstante a enunciação *sotto voce* dos atores, à maneira da transmissão de um segredo.

O mesmo procedimento vocal foi adotado numa montagem portuguesa do Teatro Nacional 21, já em 2021, na qual apenas as posturas corporais (com raros gestos) e os timbres vocais de uma dupla de magníficos intérpretes — Albano Jerónimo e Beatriz Batarda — estabeleciam *per se* pontes para a transmissão do contexto, ainda que, ao ser por eles enunciado, esse *teatro de palavra* se tornasse inevitavelmente um "teatro físico". Contudo, por reações manifestadas em debates após as encenações oferecidas por esse

16 Id., op. cit., 2001, p. 1.156.

grupo — como já ocorrera em Turim —, as plateias lusitanas, e depois também as brasileiras, provaram ter comparecido para julgar, em vez de se franquearem à "paixão cultural" mencionada pelo autor como pressuposto do ritual teatral — a citada "cumplicidade" —, e assim pouco compreenderam.[17] Interessante notar, ainda, que em 2021 a concepção do diretor Nuno M. Cardoso cortejou abertamente o fracasso de 1968 ao recuperar procedimentos de Pier Paolo ligados ao contexto do movimento *arte povera*, no qual a montagem original surgiu: num cenário "neutro", ou de caráter atemporal, com o ator e as duas atrizes mantidos frontalmente ao público, sem sequer se olharem, "declama-se" sem empolamento, adotando máxima secura, porém sem nenhum empenho emotivo *visível* para atingir esse objetivo de rigor, como lembrou Ronconi sobre a montagem.[18] Nessas encenações de contenção, o único lugar para a emotividade seria a própria escrita literária, em que, à parte abundantes evocações líricas à inelutável solidez do passado e da natureza, espalham-se cardos de violência ideológica e fática.

Na didascália externada pelo autor (não no texto da peça, mas em debates e entrevistas), para além de tragédias antigas, a "trama" de *Orgia* foi vinculada a notícias de jornais sobre um assassinato múltiplo ocorrido cinco ou seis anos antes na Áustria, bem como a um episódio mais recente de um professor universitário de Amsterdã que se enforcara travestido, à maneira do protagonista da peça. Walter Siti e Silvia De Laude apontam, ainda, como fontes da peça, um roteiro cinematográfico de 1962, *A viagem a Citera*, no qual Pier Paolo fez um professor apaixonado por aluno suicidar-se travestido, bem como os jogos sádicos presentes no romance *Ragazzi di vita* [Meninos da vida] (1965) e em materiais autobiográficos publicados postumamente, em 1982, sob o título *Amado mio* (*preceduto da Atti impuri*) [Amado meu (precedido

17 Esta encenação incluiu, ainda, a atriz Marina Leonardo e contou com cenografia de Ivana Sehic. Foi apresentada em diversos teatros lisboetas, bem como no 45º Fitei — Festival Internacional de Teatro de Expressão Ibérica (2022), no Porto, e na sexta edição do Festival Mirada, em Santos (SP).

18 Id., op. cit., 2001, p.XXIV.

de Atos impuros)].[19] Quanto aos elementos ideológicos a embasarem a peça, o autor creditou, em especial, *Eros e civilização* (1955), de Herbert Marcuse, e o ensaio "Suicídio" (1897), de Émile Durkheim. Nas notas de Siti e De Laude no volume por eles organizado sobre o teatro pasoliniano, esses pesquisadores mencionam, ainda, que a "fenomenologia da diversidade" incluída em *Orgia*, com contínuas menções ao "Diverso" e ao "Diferente" (com maiúsculas), seria tributária da leitura do dramaturgo, pelo começo de 1967, do ensaio "L'Arbre du crime" [A árvore do crime] (1967), de Roland Barthes.[20] Nesse texto dedicado à obra de Sade, o francês define a clausura dos personagens sadianos como "a forma teatral da solidão", e os libertinos como heróis da palavra: "Sem a palavra formadora, a orgia e o crime não poderiam ser inventados nem desenvolvidos [...], o narrador é o único 'ator' do livro, porque a palavra constitui por si o drama".[21]

São Paulo, maio de 2025, nos 50 anos da morte de Pasolini e 60 anos da escritura de *Orgia* e *Animal de estilo*.

19 Id., ibid., p. 1.157.

20 Roland Barthes, "L'Arbre du crime". *Tel Quel*, n. 28, inverno de 1967. Este texto foi retrabalhado e republicado em "Sade I", in id., *Sade, Fourier, Loyola*. Paris: Éditions du Seuil, 1971, pp. 17-40 [ed. bras.: id., "Sade I", in *Sade, Fourier, Loyola*, trad. Mário Laranjeira. São Paulo: Martins Fontes, 2005, pp. 1-32].

21 P. P. Pasolini, op. cit., 2001, p. 1.156.

orgia

tradução
alvaro machado

ORGIA
ORGIA
PIER PAOLO PASOLINI
REGIA DELL'AUTORE
MUSICHE DI
ENNIO MORRICONE
maschere di
MARIO CEROLI
TEATRO
STABILE
TORINO
ULTIME REPLICHE

personagens

Homem
Mulher
Uma jovem

PRÓLOGO

homem Morri agora mesmo. O meu corpo
pende de uma corda, ridiculamente vestido.

Assim, ainda ecoam aqui as minhas últimas palavras:
"Finalmente, eis alguém que fez bom uso da morte".
Sim, foi isso mesmo o que eu disse, antes de balançar enforcado,
ataviado de um modo realmente abominável.

Lançar um olhar para trás — como um *flashback* —,
para os últimos fatos, significativos, e, ao mesmo tempo, corriqueiros,
da minha vida?

É a única coisa que agora me interessa fazer:
porém à maneira de um escritor de memoriais e de aforismos
(provavelmente pelo excesso de sabedoria incutido pela morte).

Eis aqui: este homem que vos fala pendurado pela corda,
com os ossos do pescoço em pedaços, e já frio,
foi, como se diz, um homem como tantos outros.
Não foi um poeta, nem um louco,
nem um miserável, nem um drogado.

E esteve, com todos os outros, *do lado do poder*
(do poder que se tem, ou do qual apenas se participa:

não importa). Pertencer a uma parte do poder
não significa ser um homem que realmente toma partido!
Ao contrário, quem aceita ser um tranquilo, anônimo,
distinto detentor mesmo de uma mínima parte do poder,
quer, com instinto animal, que a sua existência e a dos outros
transcorra cinzenta, sem escolhas e sem paixões.

Na órbita do poder encontra-se portanto a liberdade
(que é a liberdade mais verdadeira: a mesma dos animais!)
de quem não se atrita com a própria existência.

Sim, fui verdadeiramente livre e independente
porque aceitei sem nenhuma reserva
que se havia o poder, eu me adaptava,
com todo o conformismo necessário, e, como homem
normal, procurei me contentar com a minha parte.
Nada de mais: não fui mais que um burguês médio.

Para completar então o quadro, devo acrescentar
que não fui de fato conformista a ponto de fazer,
do poder, um bom uso: não, não! Fui mais daqueles
que, em sua liberdade, não conheceram nem amor,
nem caridade, nem outros problemas da consciência.

(Mas a paz deixa o mesmo rastro de sangue que a guerra.
Uma outra monstruosidade
encena seus espetáculos
em vez de massacres.
E quanta paz nesta planura entre os Alpes e o mar!)

Por que então pude viver, em paz,
num período de paz da história?
Pergunta absurda, que me faço,
depois de tudo o que eu disse até agora!

Portanto fui, em vida, um homem Diverso:
essa é a razão pela qual me pergunto
como pude viver em paz, do lado da ordem.

É simples: escondendo de mim mesmo e dos outros
a minha Diversidade.
Ela que nunca foi examinada, compreendida, aceita,
discutida, manipulada. Permaneceu virgem
como veio ao mundo, comigo (ou com minha infância).
E por isso atuou apenas.
Pode-se atuar antes de se decidir? ou sem decidir?
Sim.

Examinei, compreendi, aceitei, discuti e manipulei
a minha Diversidade somente alguns minutos antes de morrer:
isto é, pelo tempo necessário, para ceifar-me
exemplarmente a vida.

Repito portanto que se minha vida
tivesse sido um espetáculo,
não teria sido eu a confrontar-me
com o drama, devido, tradicionalmente, a uma contradição.
O *flashback* dos últimos episódios de minha tragédia
não poderia ter sido drama ou dilema, repito,
senão para a consciência de um eventual espectador.

Portanto é assim que me aparecem, depois de morto, os termos
deste dilema (que nenhum espectador
aceitaria jamais, e tentaria defender-se dele
desaprovando-o e vaiando-o ou mesmo telefonando,
eu poderia jurar, para a Delegacia).

Tem a Diversidade o direito de permanecer sempre igual a si mesma?
De não ser, nesse caso, mais que prova de escândalo?
Não deve, pelo contrário, converter-se em *outro* escândalo?
O que é afinal a Diversidade —
quando ela mesma *não se torna diversa de si* —
senão simples termo de negação da norma?
E portanto parte da própria norma?
E, o que realmente importa, o que deve fazer quem é Diverso?
Negro, Judeu, monstro, o que achas que deves fazer?
Reconstruir em ti mesmo a realidade,

tornando-a novamente real?
Avançar tu também, desobedecendo, junto às leis da norma,
também as leis da Loucura?

Ou então...
deves ao contrário aceitá-la — aceitá-la tal como a encontrastes?

Não há outra coisa a fazer, Diverso, senão perder-te,
para assim te reencontrares?
Tens de aceitar o ódio racial
quase como se essa aceitação fosse a razão pela qual estás no mundo.
Se privado de solidariedade e direitos humanos,
poderias então santificar a ti mesmo e ao mundo?
Bah, eu não consegui responder a essas perguntas
senão confusamente, repito, alguns instantes antes de enforcar-me.

Mas se isso que a minha morte torna significativo
em minha existência — digo-o mais uma vez —
fosse uma peça de teatro, creio que aos espectadores,
meus inimigos, que querem defender-se de mim, eu diria:
"Eu vos peço, sejam como aqueles soldados,
como os mais jovens dentre aqueles soldados,
que ultrapassaram primeiro
o arame farpado de um campo de extermínio...
Ali estão seus olhos... Ah, eu vos rogo,
sejam jovens como eles!". Eis tudo.
E, agora, divirtam-se.

EPISÓDIO I

mulher Começo a tremer...

homem Por aquilo que te quero fazer
— e te farei?

mulher Sim, por isso tremo...

homem E sabes o que te quero fazer
— e te farei?

mulher Sei.

homem E não vais pedir-me que não o faça?

mulher Não.

homem Então gostas de tremer...
Tremer, sabendo...

mulher Gosto: como ao doente deleita conhecer o seu mal.

homem Temos a noite toda
para fazer aquilo que quero.
Agora falemos com calma desse teu tremor...

mulher Mas eu só sei dizer que tremo. E isso
turva minha consciência:
sei bem que se as pessoas do mundo
atrás dos muros de nossa casa,
pudessem ver...
Mas a gente do mundo não verá.
E por isso me sinto profundamente feliz.

homem E em que consiste essa felicidade?

mulher Em saber que ninguém sabe aquilo que desejo.

homem Mas eu sei.

mulher Não, nem tu sabes
aquilo que eu desejo:
não deves sabê-lo,
porque então serias um obstáculo.
Eu preciso estar só.
Como sou um autômato
em minha vontade de perder toda a vontade,
tu não és mais que o meio,
que eu encontrei, não sei como,
não me importa como,
para realizar, na solidão, a minha vontade.
Há por acaso alguém para fazer companhia
àquele que é enforcado ou pregado na cruz?
O mundo da vítima e o mundo do torturador
são mundos separados, de solidão.
Eu não existo para ti, tu não existes para mim.
E isso aumenta ainda mais a minha felicidade.

homem E, de fato, a razão pela qual eu te poderia matar
é que tu não és para mim mais que uma coisa.
Não me identifico mais a ninguém.
Nesta ausência de qualquer amor
escondeu-se o meu amor
de rapaz nascido num mundo...

mulher Tu poderias ser não mais que o instrumento da minha morte,
não o meu assassino. E quanto a ser meu marido,
tu o és para esse mundo... no qual nascemos.

homem Depois de te matar te esquecerei,
voltarei aos pastos como um animal,
num outro dia, sob um outro sol
— que experimentaria pela primeira vez,
porque toda a experiência passada não tem valor.

mulher Poderias passar ao lado de minha tumba
e não a reconhecerias. Mijarias perto.
Isso, porém, não faria mais que aumentar
a felicidade que me faz tremer agora.

homem Quantas vezes me contaste
de quando tudo isto começou. Conta-o
outra vez, serva.

mulher Eu sei, eu sei!
O prazer de se ser humilhado não tem limite:
sobretudo quando nos consideramos inocentes.

homem Naquele tempo, serva, eras uma menina...

mulher Era, sempre de pouco valor...

homem Eras mais alourada então?

mulher Era, como um anjo dos santinhos.

homem Diga-me, em primeiro lugar: onde se passava tudo isso?

mulher No teu próprio povoado.

homem Numa terra cheia de pegadas brancas de pó?
E daquelas árvores que já não existem, as amoreiras?
E das valas dos caminhos com capim longo, dobrado pela chuva?

Onde as espigas de trigo eram como ponteiros a determinar
[as horas,
digamos, dos refugiados vindos da Dalmácia
ou da Catalunha, desde regiões banhadas pelo mar?
E onde, enfim, os sinos
chocalhavam como ninhos de serpentes sob a terra,
ou o casario se enterrava entre um salgueiro e uma acácia,
enquanto ao centro fulgurava verde, ao sol, a amoreira?

homem Sim.

homem E o que essa gente dizia?

mulher Era a tua própria gente.

homem Mas, então, não falava...

mulher Claro que sim, suas vozes chegavam de todos os lados.
O sol golpeava as calhas azuis de sulfato?
Ou os muros de pedra à volta das esterqueiras? E aquelas vozes
sulcavam de paz a angústia, calma, do dia.
O ocaso chegava pouco a pouco, uma espécie de mosto de outros
[planetas,
de um vermelho pesado como uma pasta divina?
Muito bem, aquelas vozes, estranhamente alegres, se alçavam
desde o campanário ou do casario ao longo da estrada
[de asfalto.
MAS NINGUÉM FALAVA.
Enfim, caía a tarde, vinha o toque de recolher —
azul sobre a neve, cinzento e cálido sobre as papoulas —
e aquelas vozes, cantando até, chegavam dos jardins,
imagine!, dos jardins, e não de laranjeiras e limoeiros,
mas de grandes carvalhos e de alfafa, com algumas dálias.
MAS NINGUÉM FALAVA.

homem A minha gente era na verdade um tanto diversa. Vivia
numa cidade de província. Havia os pórticos
de uma loggia, onde essas vozes ecoavam

ao longo dos restaurantes conhecidos pelos forasteiros e pelos
[mercadores de bois.
MAS NINGUÉM FALAVA. E havia, no alto, um castelo,
onde, além das vozes das andorinhas, ressoavam as
das crianças e das amas, agudas e algo rosadas
pela demasiada luz da montanha — MAS NINGUÉM FALAVA.
Ao anoitecer a pracinha diante do edifício da Prefeitura,
da qual Veneza ou Turim ou Bolonha foram capitais
reproduzidas em pequena escala, mas também no sublime,
[as vozes chegavam
dos cafés abertos até tarde, se era verão, ou entre os guinchos
desolados, se era inverno, dos últimos bondes
(e não esqueço as vozes atroadoras
dos pequenos cinemas regionais): MAS NINGUÉM FALAVA.

mulher Que as vozes soassem
moduladas como num rústico medieval, que sobreviveu
ao bom senso do Oitocentos, ou
expressas em língua (uma língua mal assimilada),
sobre esse ponto não tenho dúvida: NINGUÉM FALAVA.

homem E na família?

mulher Era como na tua.

homem Um pai que abria a boca para emitir sons asquerosos
de comando, estupidificado como um velho soldado
pelo vinho e pela meia pobreza, E NÃO FALAVA?
Uma mãe, inconsciente e distante como um passarinho,
que abria a boca só para se defender ou chorar
ou protestar inoportunamente — E NÃO FALAVA?

mulher Sim, mais ou menos assim. O meu pai era belo
ainda que ancião, e abria a boca para dizer coisas
que por sua vez já tinham dito os seus pais, dando ordens
à menina com doçura, ao menino com consideração.
— E MESMO ASSIM NÃO FALAVA.
A minha mãe ainda estava apaixonada por ele

e abria a boca para falar coisas da casa e da comida,
numa linguagem feita para eles dois — MAS NÃO FALAVA.

homem Ninguém naquele mundo tinha algo a dizer
um ao outro: e todavia era todo um ressoar de vozes.
E tu, como aprendeste a falar?

mulher Ouvindo aquelas vozes.

homem Mas diziam-te alguma coisa? E que coisa?

mulher Ah, não, eram apenas vozes. Elas, é verdade,
diziam o meu nome, e indicavam
todas as coisas que nos rodeavam e nos serviam,
naquele mundo: MAS NÃO FALAVAM.

homem Então o que aprendeste?

mulher A ter uma voz.

homem E assim eu também. E assim eu também.
Mas na alma, entretanto, o que se passava?
PROCURAVA INSTALAR-SE A PALAVRA NÃO DITA.

mulher Sim, também na minha: mas eu nunca soube pronunciá-la.

homem Como era divino aquele silêncio cheio de vozes.

mulher Onde não era necessário conhecer.

homem Onde, portanto, bastava unir a própria voz
que não falava, às vozes de todos os outros,
na luz de uma manhã, contra as paredes
vermelhas surgidas da lua para o sol no primeiro orvalho.

mulher Lá nos comunicávamos somente entre nós somente *fazendo*
[*alguma coisa*.

homem Os hunos e os longobardos *haviam feito* um pequeno templo
da pedra mais dura e branca;
o Etrusco *havia feito* uma tumba de calcário e seixos rosa.

mulher Minha mãe *fazia* o frango com a sálvia,
e pão de farinha amarela, sob as cinzas.

homem Um pai *fazia* a estrada para o escritório;
um outro pai *fazia* o telhado com telhas novas;
um outro ainda *fazia* marchas com os soldados.
E assim entendiam-se entre eles.

mulher As velhas escravas dos venezianos ou dos piemonteses
ou do Estado Vaticano, *faziam* esconjuros,
contra o céu que bramia, com ramos de oliveira.

homem Corriam os trens em paz.

mulher Lembro-me do barulho dos bidões de leite contra
os guidões das bicicletas, misturado a canções.

homem Ensinando-nos a não falar,
eis o que fizeram de nós.

mulher Pessoas sufocadas na alegria da vergonha.

homem Sempre a mesma.

mulher Sempre a mesma, exato, como é sempre o mesmo
o cheiro do sêmen masculino, ao qual essa vergonha está ligada,
e que ninguém poderá jamais descrever.

homem E eu sou como o primeiro no qual sentiste esse cheiro?

mulher Sim, um pai, como ele.
Um senhor da vida.

homem Era puro?

mulher Sim, porque era como o pai dele.
E eu queria que fosse como um simples animal
que me comesse, com aquele hálito odorante de cigarros
(os primeiros) e a pele de bom sabão.
Ele achava que eu não perceberia
que ele dissimulava a sua urgência
porque sabia que o destino estava a seu favor.
Ele, desejando desonrar-me,
como um adulto pode fazer a uma menina,
sabia, bem o sabia,
que não haveria nenhum escândalo,
que não teria violado nada.
Mas não eu! Na verdade,
a sua tranquilidade na lei e a sua fome,
eram para mim o meio de obter, ao contrário,
violação e escândalo.
Quem possui é inocente,
quem é possuído é culpável.

homem E olhavas para dentro de suas calças?

mulher Sim, mas ele considerava esse meu olhar
um direito seu e minha terna, ignorante fraqueza.
Dava conta disso com ironia paterna.
De resto, aquelas calças
eram as que se usava naqueles anos,
sem qualquer provocação masculina.
Calças de quem trabalha e obedece.

homem E olhavas também os outros
naquelas calças deles, tão
despudoradamente cheias de pudor?

mulher Sim, eu os olhava.
Ali estava a promessa da minha vergonha, essa
bela promessa que nos torna sobreviventes,
loucos com a calma felicidade de ainda viver.
Ali estava o ninho,

onde primeiro se aninha o pai e depois o filho.
E a mulher cala,
ou canta enquanto executa suas tarefas,
nas longas e cinzentas manhãs,
nas sestas cheias apenas de sol.

homem Num povoado perto do teu
(ao pé daqueles mesmos Pré-Alpes)
havia um mirante, debruçado sobre uma estrada sombreada,
e sobre um vale cheio de luz, com o rio.
Quero dizer-te, pela milésima vez.
Àquele mirante costumava ir um filho
de uns vizinhos pobres, pobre também era a sua
beleza, pobre o louro dos seus finos cabelos,
pobres os olhos lacrimosos de gato, pobre
a vida no seu corpinho de nome Mirco.
Todos os dias ia para lá, e eu o atava às grades
do mirante. Todos os dias ele chorava.
Todos os dias lhe dizia que o deixaria ali,
e que nunca mais veria sua mãe.
Meu coração endurecia, feito um membro:
e ele chorava abrindo a boca
ridícula de pobre, banhando-se em suas lágrimas.
Em torno era o verão,
suspenso na luz do rio
daquele vale que lembro apenas por sua luz,
por sua luz
que dava forma ao silêncio
das vidas que passam.
Era uma proteção
na qual se dissolvia
a proteção do regaço materno
e também a dos braços do pai;
revelando a imensidão do mundo,
à qual pertencia, com sua luz, aquele imenso vale.

mulher Também neste quarto se encontra essa imensidão.

EPISÓDIO II

mulher O que queres fazer comigo?

homem Atar as tuas mãos.

mulher Para quê?...

homem Para que percas uma liberdade... e adquiras outra:
a de estar em meu poder.
Assim te vingarás do mundo,
e tremerás com uma liberdade que te sufoca de prazer...

mulher Me sufoca de prazer, talvez,
porque fico sem nenhuma rota de fuga?

homem Sim, porque aceitas estar em minhas mãos.

mulher E esse aceitar, na verdade esse querer
que eu não poderia evitar, aumentará ainda mais a minha
[felicidade?

homem Sim, como toda coisa que se repete.

mulher E o que farás em seguida?

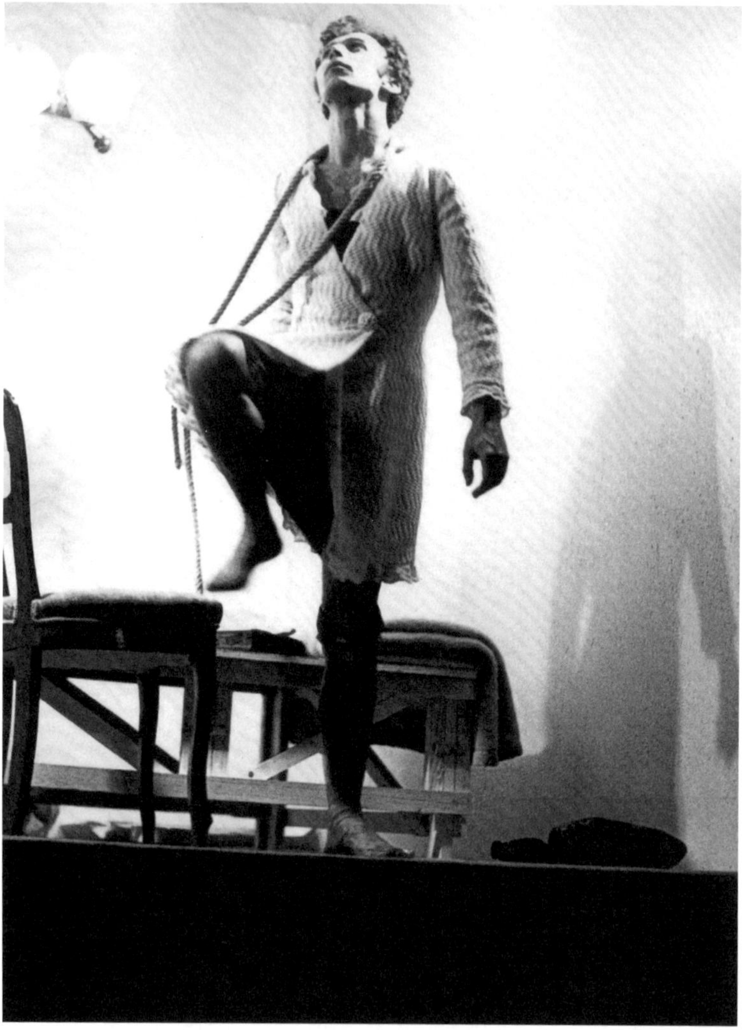

homem Vou amarrar também os pés,
para que não possas mais te levantar ou te mexer.
Para que fiques como um animal amarrado,
com a cabeça baixa,
com a boca cheia de saliva,
com os olhos faiscantes de gratidão,
concordando, por doçura animal,
com seu patrão que quer matá-la.

mulher E o que farás quando eu estiver atada?

homem Nada — por algumas horas...
Ou talvez por toda a noite...
Ou por muitas noites seguidas...
Nada. Bastará que estejas atada,
sem mais nada da tua liberdade,
mas apenas com a liberdade animal
de teu estar feliz.

mulher Vais despir-me inteira?

homem Não de todo. Quero que sintas,
para a tua vergonha, que eu tenho vergonha por ti.

mulher E quando eu estiver assim, meio nua, o que me farás?

homem Por muito tempo, assim como terás dentro de ti
a felicidade de estar atada, vou manter dentro de mim
a felicidade de ter te amarrado.
Será um sentimento convulso, não desprovido de ironia:
e se ainda assim não se transformar numa ereção
pousará em meu ventre como um agradável tormento.

mulher E aguentarás assim muitas horas?

homem Por muitas horas, te repito, talvez toda a noite
ou por muitas noites: temos de prever, adiante de nós
um tempo ilimitado, porque isso não é um jogo.

mulher E não vais tocar-me?

homem Não! Como não tocarei a mim mesmo, impondo
também a mim a obrigação de não transgredir.
Tu amarrada, e eu, teu patrão, assistiremos
à minha prepotência, escondida dentro das calças
rigorosamente fechadas... cheias de pudor.
Pouco a pouco um esgar indefinível,
pornográfico, se estampará em nossos rostos:
a tragédia não exclui o ridículo.
Brincaremos, um pouco, também, como se...
fosse um jogo nosso... Mas pobre de ti, se ousares
ultrapassar a fronteira de um ridículo sorriso de gula
por isso que te fica proibido até o limite do insuportável.

mulher E ao fim desse tempo todo, quando tu, não eu,
tiveres decidido que é chegado o momento...

homem Vou arrogar-me o prazer de te punir...

mulher Por qual razão?

homem Por tua passividade, tão desumana
que te despoja de qualquer dignidade; ou talvez para te
[satisfazer,
pois o esgar que deformará o teu rosto
fingindo a zanga de uma heroína inocente,
não desejará outra coisa; ou ainda talvez por tua fraqueza,
ante a qual a minha violência, ingenuamente, não resiste.

mulher E como me castigarás?

homem Humilhando, antes de tudo, essa consciência
com a qual finges obediência,
apenas obediência.

mulher E como vais humilhá-la?

homem Vou me despir, mas de uma maneira que não verás nada,
virando-te para o outro lado aos pontapés;
e então montarei em ti, distraidamente, sem vontade,
com estúpida e inocente brutalidade;
depois me afastarei sem deixar escapar o sêmen.
E assim verás que te cabe obediência, nada mais que obediência!

mulher E depois?

homem Aos chutes, voltarei a virar-te para que vejas bem:
vou me ocupar um pouco só de mim, olhando-te,
para te fazer ver o que perdeste;
e, ainda sem deixar escapar o sêmen,
me fecharei de novo dentro das calças...
cheias de pudor...

mulher E me deixarás ainda amarrada, a esperar
as tuas novas vontades?

homem Ah, acho que de repente encontrarei um novo pretexto:
para punir-te — e não pela tua submissão,
mas por tua cumplicidade.

mulher A minha cumplicidade?

homem Sim, a tua cumplicidade.
E então te castigarei como o marido
castiga a mulher putana.

mulher Com socos, com pontapés?

homem Com socos, com pontapés, querida.
E porque vejo em ti o esgar que se redesenha,
hipocritamente no rosto de menina calculista...
te prevenirei que serão murros e pontapés
de verdade; e se não bastarem, vou te pendurar pelos braços
numa viga do teto, e usarei a cinta.

mulher E onde me golpearás? No rosto? No ventre?

homem Onde calhar; e, te repito, não será um jogo.
Teu corpo sangrará, e balançará.
A dor te fará esquecer o prazer da dor.
O fim que desejavas alcançar destruirá o teu desejo.
Então, cara, eu já não terei cúmplices: estarei só,
como tu agora, que me usas como um instrumento.
O instrumento serás tu: um corpo sem consciência.

mulher E tudo, assim, acabará?

homem Talvez, ou talvez não. Acabará, se sobre o teu corpo espancado
que já não sabe mais nada, eu, finalmente,
me libertar, como num ato descuidado e banal,
de meu sêmen retido até esse ponto.
Se ao contrário, ainda tiver forças para conter-me...
continuará.

mulher E como?

homem Vou te reanimar, cuidando-te apenas até o ponto
em que possas reabrir os olhos e entender.

mulher Abrir os olhos para quê, e entender o quê?

homem Dessa vez talvez não aconteça,
mas, um dia ou outro, acontecerá.

mulher O quê?

homem Irei lá, e matarei nosso filho mais velho
com uma faca, e, o mais novo,
eu o afogarei numa tina.
Depois trarei seus corpos para cá, para que os veja,
e os enfiarei juntos num saco, como se costuma fazer,
para levá-los para fora de casa e jogá-los no rio.

mulher E não voltarás mais?

homem Voltarei, claro, voltarei.
Mas, provavelmente, não estarei só.

mulher E com quem estarás?

homem Vou dar um giro, por alguns lugares
da cidade, onde são encontrados os polícias e as putas.
Hoje é Páscoa, tu o sabes: faz bom tempo e é feriado.
Não me será difícil, encontrar conhecidos...
ou fazer amizade com desconhecidos...
Eu os trarei comigo para dentro e lhes direi:
Façam com essa puta o que quiserem.

mulher E o que farão?

homem Te deixarão amarrada no chão,
e te montarão um por um,
sem beijar-te sequer ou olhar-te na cara.

mulher E eles não vão se despir?

homem Não, claro que sim... se colocarão só um pouco à vontade,
para fazerem o quanto antes aquilo que querem.

mulher E vão querer uma vez só ou várias vezes?

homem Cada um fará como quiser.
Se algum deles quiser, nem fará nada.
Se contentará em exibir-se
ou te exigirá um outro serviço...

mulher Como uma cadela?

homem Sim. No entanto, enquanto estiver em cima de ti,
dentro de ti e ao mesmo tempo permanecendo fora de ti como
[um estranho,

terá uma expressão atenta no rosto, estará, talvez,
um pouco interessado e participativo: mas não te iludas,
assim que acabar, será como se não tivesse acontecido nada.

mulher E depois?

homem Vão-se embora sem sequer olhar para ti:
hoje é dia de festa,
e se irão para suas diversões,
perdidos... na religião nossa de cada dia...

mulher E não dirão nada? Nem uma palavra?

homem Não.

mulher Vou perdê-los, mas os terei conhecido.
Vou perdê-los com horror, mas também com a esperança
de conhecê-los de novo.

homem E de que adiantará tê-los conhecido?

mulher Pelo prazer de contá-los, para saber
quantos existem no mundo, assim tão inocentes.
A inocência pecadora é um material precioso.

homem Para nos aproveitarmos dele dominando-o?

mulher Não, invejando-o: com um amor terrível.
Direi, a esses meus senhores de poucos minutos,
que irão para as suas casas, onde brilharão
as primeiras luzes da noite, e disso
eles nem sequer se darão conta, "Até logo",
enquanto eu todavia saberei que é um adeus.

homem Alguns deles ao te saudarem, serão até gentis.
A gentileza operária, que respeita
os teus pecados de privilegiada.

mulher Aquilo que me humilhará mais profundamente
não será de fato a sua brutalidade — pedida
e concedida — mas antes a maravilhosa fragilidade
de seus problemas de consciência. Tal como docemente
cintilarão as luzes das suas casas, à noite.

homem E não serão possíveis amores?

mulher Não! Acreditarei nisso abraço após abraço...
mas saberei perfeitamente, sempre, que não será possível.
Quanto amor pelo jovem de faces encovadas,
pômulos altos e testa suada
sob o capacete de argila, rósea, de seus cabelos curtos,
que me olha com seus olhos de menino
quase cerrados como fissuras ensolaradas
com sua timidez de operário nascido no Norte...
Quanto amor pelo jovem moreno,
que certamente vem da Sicília,
com a boca de bárbaro escravo, adolescente,
tosco, mas cheio de delicadeza como uma mãe...

homem Todos esses cúmplices despreocupados,
tu só os podes entrever, mas tu os entrevês: e corporeamente
depois ainda, assim, os conhece (um alourado
dos cabelos curtos, uma mecha morena).
Mas e as suas almas? o seu caráter?
Como poderás conhecê-los, se não te dizem
uma única palavra, se te possuem e se vão
(das vozes deles, poderás capturar um sussurro,
[uma risota).

mulher Mas me falam no idioma da sua carne.
Da forma... da maneira... do tempo...
da intensidade com a qual, uma vez dentro de mim,
oferecem a sua longa e breve confissão;
da violência e da doçura — com a infinita
gama que une essas duas coisas, com que me usam;
das estocadas regulares que, com os rins,

me dão, ou então dos seus repelões mal-educados;
da insinuante e da exasperante obstinação
com que se contorcem; ou então de uma única, longa
pressão; do seu interesse, que é partilhado por todo o corpo,
ou talvez por apenas uma parte do corpo,
que exclui cegamente o resto...;
do modo como se consomem, ferindo, ou então dissolvendo-se
com uma doçura de manancial. Cada um desses
atos que te enunciei abstratamente
guardam infinitas variantes concretas (ainda que o modelo
seja um só). Nesses incluo, sem precisar de palavras,
as almas, as personalidades desses meus amores de poucos
[minutos.

homem E tu?

mulher Eu, nada. Eu para eles não existo.
Só existo para ti: que és o meu senhor.
Uma puta, tu o sabes, e o seu explorador.
Podes fazer de mim o que quiser.
Serás sempre o adolescente que me fez sentir medo.

homem Bom.
Sufoco com a vontade de perder-me,
e de gozar realmente até o fim.

(*Começa a atá-la.*)

mulher A linguagem que fomos obrigados a usar,
— em vez daquela que não nos ensinaram
ou nos ensinaram mal — a linguagem do corpo,
é uma linguagem que não distingue a morte da vida.

homem De fato, querida, sufocado por toda a *vida* que tenho no corpo,
assumi a decisão *de dar morte para morrer.*

(*Começa a bater-lhe.*)

mulher (*Grita.*)

homem Pensavas que era brincadeira?

(*Bate-lhe mais uma vez.*)

mulher (*Grita.*)

homem Não: tudo aquilo que eu disse, eu farei,
e isso não é jogo, mas realidade.

(*Bate-lhe com mais força.*)

mulher (*Grita.*)

homem Eu quero *realmente* te matar,
eu quero *realmente* morrer.

Não vou acordar deste sonho.
Será *realmente* o fim de tudo.

Quando o mundo abrir os olhos
verá *realmente* um outro assassinato.

A minha carne deseja *realmente* a morte!
O meu caralho quer *realmente* o sangue!

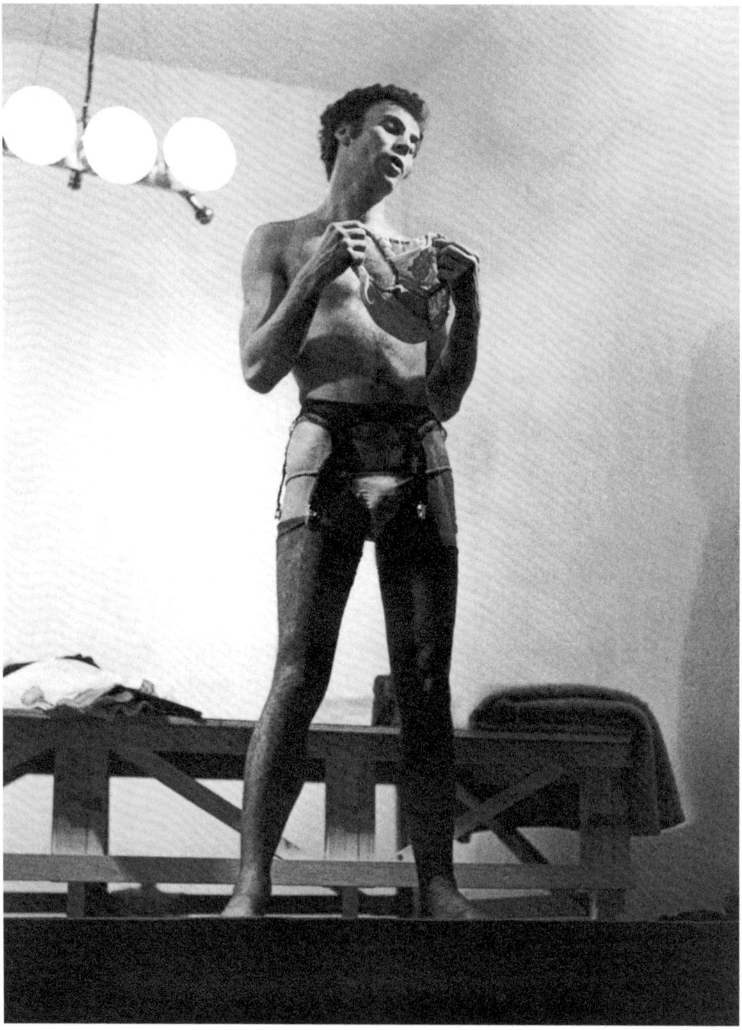

EPISÓDIO III

homem Em que pensas?

mulher Penso em nós dois
que assomamos novamente à vida.

homem Queres dizer que é quase de manhã,
com o seu sonho de luz...

mulher A luz... da religião de cada dia.

homem E o que sentes... diante dessa fatalidade?

mulher A luz, como dizes, é apenas um sonho
(detrás da luz da lua):
ainda posso resistir.

homem Pois é, mas quando forem as oito da manhã,
e a vida tiver recomeçado, sob o sol inocente...

mulher Eu sei, então nos encontraremos.
Eu sei, o irreparável nos espera,
e esse será um momento como qualquer outro.

homem Mas estavas a pensar em quê?

mulher Em momentos como este
tenho saudades, como sonhos
há muito tempo sonhados
que voltam na forma de coisas reais.
Talvez sejam sonhos de meu pai e de minha mãe.
Ainda não completei os trinta anos!
Então como posso recordar-me
daquele tempo,
daquele tempo longínquo,
quando tudo eram prados,
e lá ao fundo, na direção do Pó,
não havia mais que um pouco de névoa?
Ainda assim recordo. E recordo que os álamos
eram escassos — verdes sobre uma erva ainda mais verde.
E a sua era uma coroa cinzenta
a rodear o amor das doces símias camponesas
que não olhavam o céu senão para rezar…
Todo o resto do tempo olhavam a gleba.
Assim eram feitas de terra molhada e pedra branca,
com as mãos postas, ou no punho um rastelo.
Até a zona Pré-Alpina ou as colinas Eugâneas
não havia senão aldeias com casarios e palacetes
por onde passavam ao sol, sob os florões,
num silêncio inesquecível —
as carroças de mosto — ou de feno —
qual deles tinha o perfume mais selvagem, humano?
Saíam as moças para a noite das primeiras fábricas.
E todos distinguiam, por seu passo,
se era outono — ou se era primavera.
Nos povos da terra
baixados há milhares de anos dos Alpes
e estabelecidos ali na planície
há tantos outros milhares de anos,
apagou-se qualquer sinal de barbárie.
Até mesmo em seus bois e em seus cães.
Os pais e as mães, agora pequeno-burgueses,

depois de tantos anos,
eram feitos daquela terra úmida e daquela pedra branca.
E como eu poderia recordar as amoreiras, diga-me,
se ainda não tenho trinta anos?
As amoreiras luminosas nos terreiros sombreados;
de um verde aceso como o ouro,
ou as amoreiras enfileiradas que regiam as vinhas,
tão negras, em fevereiro, contra os montes celestiais.
O mundo era assim, lembro-me, há pelo menos
doze mil anos: as primeiras chaminés
em Monza ou em Milão eram irmãs
dos álamos dos campos de Cremona...
A religião tornava tudo igual
desde antes de Cristo, e eu recordo
que mesmo antes se rezava da mesma maneira,
nos nevoeiros profundos ou nos dias serenos
com o sol no centro do céu azul e frio.
Talvez fosse um bêbado ou um fascista,
o meu pai, porém mergulhava sua manopla
na água benta; tal como sua tacanha esposa.
Ainda não passou sequer uma vida desde aqueles tempos!
Os trigais chegavam até as primeiras casas das cidades,
a vida cotidiana transcorria como nas tocas
— nessas aldeias constritas à terra úmida
e à poeira que lembra a neve.
Os campos de alfafa e as casas dos vizinhos
eram o mundo inteiro — com Roma distante.
Às vezes me vem à cabeça esse longo sonho.
Saímos dele?
Nesse sonho vejo o rosto de minha mãe
infinitamente mais velho que a sua idade;
o rosto de minha mãe jovem na sua inocência,
incapaz de profetizar, como uma cadela.
Que certeza tinha naqueles olhos!
Que me importa se aquela certeza
era o simples bem-pensar
dos pequeno-burgueses daqueles tempos!
Que fosse escrava

de sua condição de mulher e mãe?
O homem era sempre o mesmo
que fora por doze mil anos
na certeza daqueles olhos
abertos numa aldeia entre os Alpes e o mar!
Havia Mântua e Florença,
os vilarejos às margens do Pó e os Apeninos,
a pequena Grécia, com a poeirenta Atenas...
Chegava a estação
em que deveriam florir as prímulas nas ribeiras?
Pois sim, floresciam as prímulas.
....

homem O que queres fazer?

mulher E tu, o que queres fazer?

homem Eu tenho como tu as mesmas saudades...

mulher São como sopros de realidade que chegam...
aonde todos os ventos se extinguiram.

homem Com eles o mundo nos alcança novamente.

mulher Sim: porque o mundo não é o mundo presente:
nós estamos sempre um pouco atrás.

homem Com o mundo presente... podemos chegar a um pacto:
os nossos atos devem-se a ele.
e nós poderemos compensá-lo, de algum modo...

mulher Mas com o mundo passado
nada podemos fazer.
Ele não nos impõe nenhuma ação:
limita-se a guiar-nos e a julgar-nos.
Não escuta as nossas razões:
mas nos guia e nos julga com bons olhos
de um sol alto no céu azul e frio;

a castidade dos justos e severos gorilas
que zelam por céus e glebas; aram e podam;
fresam e vindimam; têm burocracia ordenada
como vinhedos, servem no exército do Rei;
são escravos do fascismo porque pobres e antigos;
a história passou sempre igual sobre eles,
como uma eterna nuvem. E agora que tudo mudou,
temos atrás de nós um mundo, com as suas estações...

homem E é esse mundo, meu amor, que temos violado
— com nossos atos de violação.
Porque era aquele, e não este,
que merecia ser violado.
Que nos dava a irresistível vontade
de o violar... Mas nele, como bem o dizes,
a mesma força que nos faz pecar
também nos faz não querer pecar. Aquilo
que injuriamos é também aquilo para o qual rezamos.

mulher A luz do sol ainda tão longínquo,
que se imprime, junto à da lua, nas vidraças
provoca-me uma terrível vontade
de reconstruir aquele mundo.

homem Mas a vontade de violar e de nos violarmos voltará.

mulher Não quero sabê-lo.

homem Deixa-me ver as tuas feridas... Aqui
um hematoma negro, aqui uma chaga ainda fresca de sangue;
aqui marcas de dentes na pele de menina,
eternamente menina. Foste tu que me quiseste culpado
dessas tuas feridas. (Feridas tão doces e puras
quanto são leves levinhas
devidas ao amor de dois jovens esposos, benditos).
Com essas feridas, decididas entre nós,
embalamos a ideia da morte... para esquecê-la.
Estão aqui as marcas.

Ficaram na tua pele de mãe
horrorosamente pretas e vermelhas.
Que língua era então a nossa?
Essas marcas são como os signos escritos
das línguas antigas, mortas e nunca decifradas;
quero dizer, gravados nos utensílios, nas armas;
eles estão aí, dessepultos, à luz do sol,
e não dizem nada: porém disseram tanta coisa!
Agora, aqui, pressagiando o sol nascente,
está a lua baixa que antecipa a aurora:
o instante exato em que todos finalmente dormem.
Ninguém, querida, nos faz companhia.
Estamos sós a decifrar esses signos.

mulher

Ah, esses signos! Até um garoto
seria capaz de os ler, e de interpretá-los!
Com a ironia, nos olhos, e a piedade que condena,
ele, o moralista, o puro!

homem

Isso que exprimi através desses signos
é minha vontade de morrer;
e tu, a de me fazer morrer.
Sim. Eu querendo fazer-te morrer, na realidade queria eu morrer.
E tu, querendo morrer, querias na realidade fazer-me morrer.
Existe a língua daquele que mata
e a língua daquele que morre.
De modo que a vida é um espetáculo, sempre.
Eu represento — batendo-te com as mãos,
com o cinto das calças, cuspindo-te em cima,
mordendo-te, torcendo-te os braços,
enfiando-te na carne
objetos bem mais grossos que um membro,
e assim bem mais capazes de abrir-te e violentar-te,
atando-te como num sonho à cama, ao teto,
deixando-te que te possuam bandos de jovens, dispostos
e sem pensamentos, deixando-te no fedor da urina deles
— ao fazer tudo isto, eu represento
a minha vontade de morrer.

E tu, sofrendo por minha causa tudo isso,
também tu te representas
mediante a mais expressiva das línguas!
E quando eu disse:
"A vontade de violar e de nos violarmos voltará",
proferi apenas palavras estúpidas. Que coisa, de fato,
pode dizer melhor sobre isso que a minha carne que recomeça
[a tremer?
E o que resta no fundo em teus olhos senão uma sombra
que, mais que o terror do sol,
exprime a ânsia, cega, de uma outra noite?

mulher Sim, nós estamos dando um espetáculo.

homem O meu corpo não se equivoca. Raciocinemos.
Se queres resolver meu enigma, e o teu,
escuta as palavras como puro som, ou hábito,
halo de vozes daquele mundo... onde ninguém fala.
As próprias palavras que pronuncio, não são mais que parte
de meu olhar, de meu corpo.
Mesmo se a dor e a vergonha
nos tenham tornado um pouco mais cientes de nós
e da atroz inaturalidade do mundo,
somos sempre ainda como todos os outros
que usam essas palavras como sonâmbulos
(ou como larvas saídas da tumba, aturdidas pelo sol).
A nossa carne é um enigma que como enigma se expressa.
Mas as nossas palavras, de agora em diante, são pobres sons
que não dizem mais nada, senão que a vida recomeça.
E ASSIM NOS TORNA IRMÃOS DAQUELES QUE ODIAMOS
PESSOAS QUE NÃO TÊM OUTRA ESPERANÇA
SENÃO AQUELA MESMA EM QUE VIVEM.
Ora, nós dois, se não estivéssemos imersos numa vida
que é só nossa, e não tivéssemos encenado
uma cerimônia hipócrita, escondendo-nos aqui,
num quarto matrimonial como num covil
— e em vez disso tivéssemos feito publicamente
aquilo que fizemos em segredo — tornando

nossa relação um verdadeiro espetáculo,
que espectador não nos teria compreendido,
MESMO QUE NÃO TIVÉSSEMOS DITO UMA ÚNICA PALAVRA?

mulher Em conclusão, a nossa realidade não é portanto aquela
que expressamos com as nossas palavras:
mas é aquela que temos expressado
através de nós mesmos, usando os nossos corpos
como figuras! Eu como vítima, tu como verdugo.
Vítima que quer matar, tu; carrasco
que quer morrer, eu.

homem Mas tu sabes que isso é ruim.

mulher Eu sei.

homem A noite vai terminar: uma espécie de véu gelado
ofusca a lua: signo do seu fim...

mulher Mas como poderemos algum dia libertar-nos deste mal
se ele é tão infinitamente mais belo que qualquer bem?

homem A nossa realidade — agora o sabemos — somos nós mesmos:
e é através de nós mesmos que a exprimimos.
Cada uma de nossas vidas não é mais que um exemplo, que fala;
enquanto as palavras — também disso sabemos —
somos nós mesmos apenas por seu som
e por uma parte, indizível, do seu sentido.
Mas não sendo nós mesmos, não são a realidade:
as palavras da língua não são portanto
mais que instrumentos do sonho: assim o mal
é a realidade, e o sonho o bem.

mulher O que queres dizer com isso?

homem É deixando de ser aquilo que somos
— que, tanto quanto nos diz respeito, é o mal —
isto é, cessando, eu com o meu ventre, tu com o teu,

de usar a linguagem da carne —
que poderemos recuperar o sonho: salvar-nos.

mulher Mas te esqueces que nós sempre vivemos
fingindo que sonhamos: a nossa casa, os nossos filhos,
o teu trabalho, a minha reputação...

homem Exatamente: não temos a força necessária
para viver a nossa realidade:
essa que nos tornou escravos.
E de que serve vivê-la, se é escravidão?
Disso nos envergonhamos, de fato. Sabemos que é mau...
Nos alinhamos com os outros — que, se soubessem,
nos julgariam — julgando-nos no lugar deles!
É verdade que o espetáculo que damos
é a portas fechadas. Mas, enquanto espectadores
de nós mesmos, nos condenamos.
E avançamos assim, dia após dia,
vivendo a liberdade da vergonha
mas com a vergonha dos escravos.

mulher Compreendo: falas da hipocrisia.
Tu falas do sentimento de culpa.
Tu falas das contradições da nossa vida:
pequeno-burgueses no sonho do que é bem, de dia,
e execrados, na realidade que é o mal, de noite.
Mas se não fosse assim, em que consistiria o nosso prazer
que nos faz tremer só de pensar na solidão?

homem Ah, não te iludas, mais.

mulher Com o quê?

homem Queres saber?

mulher A decisão de sabê-lo poderia nos separar?

homem Se pedes para saber, por que tens medo?

mulher Tenho medo por ti.

homem Tens medo de quê?

mulher Que não tenhas medo de saber
aquilo que eu tenho medo de saber.

homem Alguma coisa me fala: e eu não posso fingir que não ouço.

mulher Fala-te... por meio de *palavras* ou por meio de *realidades*?

homem Como antes me falou a língua da carne,
(os hieróglifos tão facilmente decifráveis
das feridas e hematomas em teu corpo), assim agora,
com a sua língua me fala uma outra realidade: igualmente
[presente.

mulher Se existe, faz parte de mim.

homem Eu sei, tu não queres saber: e isso nos divide.

mulher Não quero saber.

homem Ah, pobre cúmplice, olha, olha onde chega o mundo...
Aqui — onde este hematoma mais negro que azul, parece
ser o sinal de nossa linguagem mais secreta —
olha o que apressadamente enfiaste,
como se tivesses vergonha: um par de meias.
A mamãe inocente se cobriu.
E se então já decifrei o que quer dizer essa nódoa em
[tua carne,
decifro agora as palavras dessas meias, que são tu mesma.
E elas me falam, de ti, de uma noite... junto com
uma horda imensa de homens... uma noite,
com as primeiras luzes que se acendiam,
e talvez apenas terminava a chuva... Onde ficava
aquele armarinho? Entre charcos cor-de-rosa?

E olha, olha aqui: entre a coxa e o ventre
(na prega que tanto fala
a nossa língua de porcos, obscura como uma religião)
olha, olha estas cintas-ligas.
Comprei-as eu para ti,
tremendo. Estava numa loja da civilidade,
com uma garota que sorria, e centenas
de pessoas que caminhavam pela calçada:
soavam as sirenes, e os sinos.

E depois estas calcinhas: as escravas do tempo.
O que nos dizem? Nos dizem sobre teu ventre que é morte
tão deleitosa que, só ao dizer essa palavra,
me dói docemente a carne do meu —
elas contam da ideologia da morte!
Se de fato em ti, na tua carne, mãe,
quero morrer, e esta morte é fúria —
as delicadas calcinhas, produto da cidade,
que nos rodeia e está dentro de nós, dizem
que não apenas tu, mas toda a ordem mundial
é preservada e querida pela morte.
E nós somos de fato gente da ordem, não?
Nunca pensaste em subverter a ordem, tu?
Não. E essas calcinhas o dizem
muito mais claramente que tu. Que absoluto amor,
na verdade, por sua decrepitude, por sua miséria!

A combinação: a combinação de seda, bastante boa,
segundo as possibilidades de nossa meia riqueza,
eis que, cobrem as marcas ainda róseas das mordidelas
e dos golpes de cinta. Onde se esconde a verdade mais verdadeira?
Naquilo que dizem essas marcas de sangue
ou naquilo que diz este signo de seda?
As primeiras falam daquilo que desejamos,
as segundas daquilo que nós aceitamos.

mulher O que nós aceitamos?

homem Aceitamos um pacto pelo qual possamos fazer,
pois, aquilo que desejamos: como direi mais à frente.

mulher Das duas coisas que sou,
parte quero saber, parte não quero saber.

homem Não podes. Eis agora, se emerjo da saia
hesitante, para onde me levam os pensamentos
que nascem disso... Vamos nos recolher um momento:
quanta miséria nesse tecido, cujas cores,
por uma razão poética qualquer, tanto nos agradaram!
E havíamos contado com isso para um prazer dominical
compartilhado com todos os nossos contemporâneos
na enormidade dos dias de verão!
Quanta miséria, não? Não te aperta o coração?
Isso da miséria que enternece é o primeiro passo.

Depois, pensa que essa miséria, sem motivo
e tão dilacerante, não é senão o fruto
de qualquer coisa transitória, cuja aparição
é tão irrisória neste mundo...
A tua dignidade é portanto protegida por esse comovente nada.
TRATA-SE DE UMA HABITUAÇÃO À MORTE.

Assim termina o tempo dessa saia, assim
desbota para sempre a sua cor de festa!
Mas quem nos mete no coração este pensamento de morte?
Por meio dessa saia
que nos é tão cara nestes dias?

mulher Ninguém.

homem Ninguém, de fato, que tenha um rosto ou um corpo.
Mas é qualquer coisa que com a morte
guarda um parentesco tão estreito
que com ela forma uma coisa só: o passado?
A experiência dos ancestrais? A religião?
A moral comum? Digamos: a autoridade. A autoridade.

É nela que essa veste funda sua origem.
E de fato ela, sendo também toda a riqueza,
nos torna iguais a tantos milhões de cidadãos.
É uma paixão fraterna e cúmplice, e necessidade.
Tu, vestindo-a, depois de a teres amado e comprado,
és também aquilo que ela é.
Ela é a bandeira de morte do poder.

Eis aqui então aquilo que nós aceitamos!
A cidade com seus homens sagrados, que nos abençoam,
com seus homens poderosos, com seus homens armados,
com as suas normas, e com a sua norma das normas:
que converte em pureza o amor dos outros, e o nosso em culpa.

mulher Entendi: das duas coisas que sou,
queres que eu escute a que é mais forte.
Daqui a pouco voltarão a soar os sinos
do mundo antigo. A luz asquerosa
da lua — que agora abandona o céu à aurora —
somos nós mesmos emergidos do inferno...
para rezar, nos arrependermos, voltar à ordem.

A Torino Pasolini chiede aiuto alla polizi

COME FINISCE UN'ORGIA DI P.P

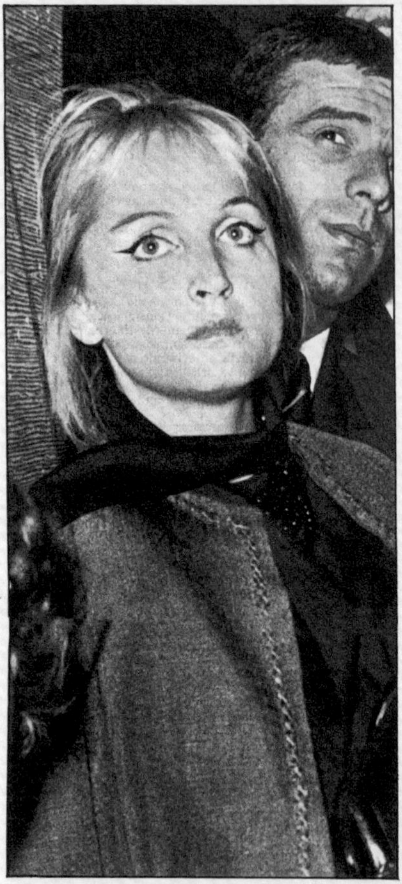

Laura Betti ai tempi in cui era una cantautrice « giaguara » idolo degli intellettuali snob. Adesso si è ridotta a interpretare una commediaccia pornografica di Pier Paolo Pasolini (nella foto a destra, pensoso davanti ad una sfilza di bicchieri) e ad invocare l'intervento della polizia quando gli stude mocratici e anticinesi chiedono educatamente come mai sia necessari tante porcherie per cambiare una società di cui si utilizzano tutti i var

TORINO. — Domenica 15 dicembre Laura Betti era più pallida e spettrale del solito. I capelli stopposi le venivano giù rinsecchiti. Il volto da piccola borghese, da figlia della società dei consumi e dei cosmetici, stremata da uno sforzo intellettuale superiore ai suoi mezzi (oltre che dagli anni che passano inesorabili, uno dopo l'altro), era teso allo spasimo. Alla fine si è messa a dire, quasi tremando di rabbia impotente: « Qui non si può andare avanti. Il testo richiede la collaborazione del pubblico, ma questa collaborazione viene a mancare ». Nel medesimo tempo, al botteghino, i dirigenti del Teatro Stabile di Torino, responsabili anche dello scantinato-garage di via San Fermo 3, dove si replica da qualche tempo l'« Orgia » di Pier Paolo Pasolini, formavano al telefono il numero del pronto intervento della polizia.

Pochi istanti dopo la piccola, squallida sala si riempiva di agenti e di carabinieri. Ma il pubblico, completamente disorientato, anzi alienato, non riusciva a comprendere bene come stessero andando le cose. Così, qualcuno si è alzato adirato e stava per urlare « polizia fascista, polizia fascista! ». E' stato agguantato in tempo. La polizia « fascista », infatti, stava dandosi da fare per bloccare l'azione dei disturbatori della « giaguara » pasoliniana. Disturbatori che, a loro volta, le cronache della pseudo cattolica « Gazzetta del Popolo » definiranno il giorno dopo « neofascisti ». Questa descrizione può sembrare il racconto di una sarabanda folle. Invece si tratta di ciò che è accaduto a Torino nello scantinato dello « Stabile » dove è in scena il più immondo e, al tempo stesso, ridicolo dei testi teatrali di P.P. Pasolini. La morale è unica e si può trarre subito prima di passare ai fatti: i contestatori di professione, una volta contestati, perdono la bussola e chiamano l'odiata polizia.

Dell'« Orgia » ha parlato ampiamente su queste colonne, sullo scorso numero de « lo Specchio », Alberto Perrini. Non è un testo teatrale: è una specie di lurida sceneggiata di un autore che va completamente esaurendo le sue cartucce, se ne accorge e accentua il suo aggancio con un certo mondo intellettuale, fatto di solidarismo omosessuale e di servilismo nei confronti di particolari direttive che vogliono distrutta la morale (e la civiltà) occidentale per far posto al « nuovo ordine » proveniente dall'Est. Che l'Oriente sia quello di Mosca o di Pechino poco importa, purché arrivino i soldi e in fretta perché i ragazzi di vita non attendono.

Riguardo all'«Orgia», sulle scene torinesi a spese dello Stato (il Teatro Stabile di Torino ha un contributo annuo da parte del Ministero del Turismo e Spettacolo che si aggira intorno ai 70 milioni, più altre cospicue sovvenzioni comunali e degli enti locali tipo Casse di Risparmio, banche varie ed organizzazioni economiche interessate allo sviluppo culturale e turistico della capitale piemontese) va detto, tanto per cominciare, che l'autore l'ha dedicata al « collega martire » Aldo Braibanti e « alla parte più avanzata della borghesia ». Vale a dire alla parte più cretina della « borghesia stessa », sul tipo di quella rappresentata dalle signore impellicciate e cariche di oro e brillanti come la Madonna di Montenero che ogni sera mugulano e uggiolano di gioia sado-masochista tutte le volte in cui i loro mariti, i loro padri e, perché no, i loro figli più sensati vengono insultati dalla (tra parentesi, borghesissima) Betti e dalle sue due solitarie lugubri « spalle ». Particolari applausi accolgono, quasi sempre, la battuta della cantattrice quando urla con la sua voce roca: « Un padre e una madre giganti, ma piccolo borghesi e fascisti! ». Quel « piccolo borghesi » e quel « fascisti » deve c stessa « gioiosa » impressi una scudisciata sul sederin

Ora tutta questa faccenda scinandosi da qualche set I giornali di sinistra o pseu stra l'hanno presa sul serio privato sono gli stessi cri stessi uomini dell'entourag linico-moraviano-braibantes incontrandovi da Rosati, in del Popolo, a Roma, vi co la loro pena: « Povero Pie — dicono — non ci sta più. non si comprende che cosa un po' con i preti, un po' c munisti, un po' con i cir testa non gli dice più il Quello che c'è di esatto è c Paolo Pasolini è « stanco » la vena inaridirsi se vena stata. E allora butta giù po a fondo perduto che non pi neppure ai suoi compagni, se questi continuano a po perché fa comodc al dialo via delle Botteghe Oscure. S l'ora della « cura del sonn me quella che tante signore più assidue ai suoi lavori,

case di cura e riposo
al giorno) che circon-
ndi città, immerse nel

15, per tornare al-
rinese, è successo l'in-
'n gruppo di giovani,
atina, uguali in tutto e
gli altri loro coetanei
niti di barba e capelli
nghi), si sono presen-
tro di via San Fermo.
arte del « Comitato di
nto per l'Università ».
che si oppone al Mo-
dentesco, con coraggio
ultati, proprio a Tori-
a contestazione univer-
ata l'epicentro con i
padroni (i Donat Cat-
o, i Casalegno e i loro
genie di industrialotti)
in guardina natural-
ati con i doppi guanti
loro la bua. I giovani
estatori si sono presen-
teghino, chiedendo di
ossesso dei denari rac-
Movimento Studente-
loro erano e sono stu-
a richiesta non è stata
ora hanno domandato
mmessi all'interno del
e-cantina, e — sia pu-
iore — sono stati fatti

minoranza figli di papà

'intervallo gli studenti
ato il pubblico alla di-
a il pubblico, compo-
più dalle sullodate si-
« cinesi » in servizio
, non ha accolto « la
e ». « Non si può di-
i fascisti », hanno su-
E di « fascisti » fra i
ce n'erano, ce n'erano
la maggior parte dis-
lo più si trattava di
tti ai partiti democra-
democristiani antibasi-
nno deciso di farla fi-
ersità con la violenza
nze di una minoranza
apà. Alla ripresa dello
ragazzi si sono alli-
di lungo le pareti del
calma non poteva du-
a la Betti, *con quella*
a clown vizioso, si è
tro i genitori « borghe-
ppo partiva una nutrita
pplausi. Naturalmente
di applausi polemici
itori borghesi che era-
ed avevano pagato il
maggior gloria del clan
.

ti si sentiva improvvi-
a. I giovani contro di
ra proprio invecchiata.
la collaborazione del
ontinuava a balbettare
rappresentanti della
» che governa lo Sta-
o, presieduta dal cat-
Federico Doglio, face-
ere le luci; in platea
i si facevano vivaci e
on sarebbe stato nien-
to la contestazione si

. A questo punto i pa-
ri in testa, invocavano
o che la « polizia ».
a polizia sulla quale
omartiri avevano, in
ultime settimane, vo-
sso valanghe di san-
lti. Quegli stessi agen-
eri che, ohibò!, aveva-
» ad Avola per impedi-
braccianti siciliani di
ei « martiri del dove-
edove sarebbero state
con trentamila lire al
a volta la polizia an-
ualcuno, che non ave-
ente, ha cominciato a
lito «polizia fascista!»
ubito tirato per la ma-
esto modo, dopo mez-
ruzione, l'« Orgia » ha
ndere con la protezio-
rza pubblica allibita.
parte del pubblico,
gli studenti o timoro-
tafferugli, seguiva i
ni dei quali venivano
i al Commissariato
enti.

el Comitato di coordi-
hanno opposto alcu-
. Non hanno lanciato
ce. C'era qualcuno in
leva far provvista di

Ecco due momenti della « contestazione » antipasoliniana degli studenti democratici dell'università piemontese. Nelle fotografie (che abbiamo ripreso dai due giornali torinesi « La Stampa » e « La Gazzetta del Popolo »), si vedono gli studenti chiedere un colloquio con il pubblico e, in basso, l'intervento dei carabinieri chiamati dalla direzione cattolico-comunista del Teatro Stabile di Torino. L'« Orgia » è uno dei tanti spettacoli che vanno in scena in Italia a spese del contribuente.

finocchi. Ma essendo domenica e i fruttivendoli chiusi, la cosa è rimasta sul piano della battuta, una battuta facile dato il clima del Teatro di via San Fermo. *Usciti* dal Commissariato i giovani del « Comitato di coordinamento dell'Università » hanno diffuso un comunicato che non è stato molto preso in considerazione dalla stampa che li ha soltanto bollati di « neofascismo » o di milizia nell'estrema destra. « Siamo andati — si afferma nella dichiarazione dei giovani — alla rappresentazione di "Orgia", intendendo contestare l'assoluto nichilismo sia artistico, sia morale, sia culturale dell'opera stessa. In secondo luogo, siamo andati per mettere il pubblico di fronte alle sue responsabilità e per offrirgli la libertà di non assistere allo spettacolo. In terzo luogo, siamo andati a contestare l'istituzione del Teatro Stabile che, con i finanziamenti pubblici, favorisce perversioni di ogni genere e propaganda ideologie di un'unica parte. Per tutto ciò i custodi di Pier Paolo Pasolini hanno chiesto l'intervènto della Polizia ».

Che cosa hanno fatto quei ragazzi che non abbiano fatto gli studenti romani, torinesi, milanesi, fiorentini e via dicendo? Che cosa hanno fatto che non abbia già fatto lo stesso Pasolini, Gian Maria Volonté, Gregoretti? Nulla, assolutamente, nulla. Anzi hanno dato l'avvio ad una forma di contestazione civile basata su « scusi, ma Lei la pensa veramente così? ». Nonostante ciò sono stati cacciati nelle mani dell'aborrita (dai contestatori di professione, naturalmente) polizia. Tutto perché Pasolini possa continuare a contestare a spese del contribuente tramite la sua « giaguara » invecchiata, dall'alto di un palcoscenico di tavole, le attempate e salottiere signore della ricca borghesia torinese. La colpa di questi giovani, dunque, è quella di non navigare — come ha magistralmente indicato un giornalista impegnato — sulla « cresta della contestazione ». Nel caso specifico si tratta — è bene chiarirlo — di una cresta di cappone.

GIAMPIERO PELLEGRINI

EPISÓDIO IV

mulher Há lua, e escuto as vozes
das televisões longínquas mescladas a seu silêncio
como uma coisa só.

homem É a primavera, já avançada...

mulher Reparaste?
A janela está aberta:
mas nada se move aqui no quarto.
Fora e dentro, parado, o mesmo mormaço.

homem Ai, dói-me um pouco a região do fígado...

mulher E eu tenho a dor de cabeça de sempre.

homem Lembraste do comprimido e do copo d'água?

mulher Sim, estão em cima da cômoda, junto das flores.

homem O que lerás esta noite antes de dormir?

mulher As crianças rasgaram a capa...
Não lembro mais do título nem do autor.
Trata-se de profecias de mestres.

homem Os nossos filhos irão vivê-las.

mulher Em paz. Numa paz
pior que qualquer guerra.

homem Do passado só recordas a paz: de fato
é em paz que vivem os camponeses,
e camponeses são todos os homens do passado.
Aquele passado que nos parece feliz: véspera
do nascimento de dois vermes infelizes.
Vemos tanta paz maravilhosa no futuro
porque nós já a perdemos demais!

mulher Somos gente de bem, agora, com suas dores de barriga.
Mas eu não amo a paz...
Ela me aterroriza, como um sonho
no qual todos sabem o que devem fazer,
mas eu não.

homem Assim como os camponeses trabalhavam em paz
os seus campos, fechados numa barreira
de montanhas cor do céu,
naquela longa vigília de que te falava,
assim também a nossa nova raça quer trabalhar em paz.
Ser e trabalhar — ainda que de um modo tão diverso,
segundo as novas profecias — cumprindo ao mesmo tempo
milhares de gestos iguais, como um rito. Em paz,
sim, em paz. E nós dois, na paz dos outros.

mulher Mas a mim parece que nessa paz se promovem massacres,
e há um cheiro de incêndio atrás do cheiro de sol.

homem Não estás contente? O espetáculo que damos
não é um espetáculo de paz?
Espectadores não há. Porém, se os houvesse
leriam hoje nos signos vivos
dos nossos corpos, a história de um marido e de uma mulher
que vão dormir enquanto desponta uma antiga lua,

com a sua boa vontade, a honra das leis,
e a ordem, repleta de sua graça.

mulher Será essa maldita primavera...

homem Parece-te que estou particularmente... pálido de rosto?

mulher Não me parece.

homem Vivo subsumido no terror: vejo o rosa de minhas unhas
tão descolorido.

mulher Mas te curaste.

homem Desde que — depois da Páscoa —
vi como o corpo pode morrer,
como se cai por terra, sobre o próprio vômito,
com a cabeça atravessada de um calor
que anuncia o desmaio — como acontece
a COISA...

mulher Te cuidaste e te curaste.

homem Ora, mas o teu corpo pode sempre querer morrer,
para além das tuas curas, e da tua vontade.
É um processo imparável, que começa,
à traição, quando a face fica branca
e as mãos que tremem...
A única defesa, tenha em conta, é decidir não pensar!
Diz-me... ainda não o sentes mover-se no ventre?

mulher Não, não ainda.

homem Está para nascer o melhor dos nossos filhos...
Mas agora devo dormir. Amanhã
tenho um dia de muito trabalho.
Em nome do Pai, do Filho e do Espírito Santo.

(*Adormece.*)

mulher Sabes o que quer dizer viver um sonho?

Aquilo que tu não és, és:
e, todas as noites, o visitas.

Está bem, esclareçamos tudo,
tu e eu, agora, depois os nossos filhos.
Mas se as origens da razão
se encontram no tempo,
seu limite está na profundidade.
Não quero chegar a esse limite, eu.
Mas quero voltar atrás no tempo,
onde posso sonhar
ser como meu pai e minha mãe.
Não quero saber uma vez mais
como um inocente pode provocar o horror.

Mas se durmo, que sonhos terei?
Aqueles do passado recente ou do passado distante?
Embora, claro, eu saiba bem
que até no passado distante...
mesmo então...
nos tempos dos trigais que lambiam as cidades,
e das chaminés misturadas às torres cinzentas
sobre os charcos... a razão que explicava a vida
não era senão um modo de seguir em frente.
Mas de que me serviria, agora, esse engano?

Não tenho sono.
Queria dizer-te: Não quero ser melhor,
para depois sonhar, de todo modo, o que sonhar não devo.
Seja como for, sou igualmente arrastada na lama
da minha insônia que quer ter sonhos!
Não sei sair daqui.
Não sei imaginar mais nada, à minha volta,
porque não sou capaz, porque
sou como tu uma pequeno-burguesa,
com sua desesperada bagagem de ideias.

Isto é sem dúvida um delírio.
E por que me levanto agora?

(*Levanta da cama.*)

Algo se mexeu agora
dentro do quarto,
como o bater do coração num corpo: eu o ouvi.
Dentro do ar moveu-se o ar...
uma espécie de golpe vindo das profundezas do céu!
E o eco chegou aqui,
irrisório sopro de ar
que desperta uma emoção desconhecida.
Deve ser por isso que a tepidez, dentro e fora,
já não é igual! Alguma coisa
perturbou a sua perfeita serenidade.
Talvez seja só a noite que se tornou mais fresca.

Ou será que tudo isso brota de meu coração
que quer purgar os seus remorsos?
Sim, eu, na vigília, falo de remorsos.
E de que outra coisa deveria falar?
E para ser precisa, dos remorsos
de ter violado aterrorizada
aquele mundo...
aquele mundo onde voa um pirilampo
ao longo das valas prostradas...
ao som dos últimos sinos
(cuja recordação se enegrece no horizonte distante)...
Quando espocamos, às vezes, os fogos de artifício
numa outra cidade... para além das vinhas.
E os militares, saídos do quartel,
passeiam pelas vazias ruas asfaltadas.
Uma grande sabedoria se espalha então nesse mundo...
Os velhos (os velhos que agora não contam mais nada,
como corpos inúteis), são as veneradas,
as veneradas testemunhas; e os jovens, futuros velhos,
inocentes apenas porque destituídos daquele saber
que possuirão — brincam ali onde os pirilampos

esquadrinhavam mais domésticos o ar.
Era destino, que antes o fizesse,
e, agora, o soubesse.
É preciso escandalizar-se e trair aquele mundo!
De outra maneira... ele se perde,
repetindo-se na sua eternidade...
será apenas possuído por outros
idênticos a estes...

É preciso emporcalhá-lo e amaldiçoá-lo
para que desmorone — para que se mova
e não nos provoque mais... *remorsos*.

Nesta "paz" que caiu sobre minha vida
e grudou nela, como uma estação
que não muda jamais, uma interminável manhã
de paz,
de trabalho,
de coisas nuas e severas
(partilhadas com os vizinhos, ao som do televisor)
de recolhimento, de falta de expressão
(que tanto agrada ao círculo formado pelos homens da ordem
e pelos rebeldes)
de discrição e de dignidade,
de mistério familiar (tão querido pelos velhos e pelos novos
moralistas), ah, ah, ah, ah, ah, ah,
quantos remorsos!

Graças aos remorsos,
não fazia outra coisa senão pensar no passado
(naquele remoto, sim, mas também no recente).
Com o esfregão de limpeza nas mãos,
estava ali, pensando —
em vez de cantar como as outras donas de casa
em seus loucos eremitérios diurnos —
com remorso... foi nisso que esta Páscoa terminou.
Era um remorso longo, sim, longo,
um remorso total

que me preenchia inteira e nunca me abandonava.
E por meio desse remorso,
veja,
não fazia outra coisa senão pensar no mal
que tinha feito, em todos os seus detalhes!
Não me esquecia de nenhum!
E de tudo aquilo que eu tinha feito
— pelo remorso —
me voltava à mente aquilo que me faltava fazer
(e ao qual havia renunciado
por aquele inesperado retorno da virtude... pascal).
Quanto sofri!
Tralalá,
remorso, manutenção do sofrimento!
Sofrimento, gozo impossível de esquecer!
(E jamais esquecido, de fato).

Este hálito de ar que refresca a noite...
Este hálito de ar que refresca a noite
precedendo a breve agonia,
lembra-me somente aquilo que diz respeito ao amor,
o amor mais sujo,
que é a única coisa que, depois da agonia,
fica verdadeiramente perdida.
Verdadeiramente perdida...
porque é feita de carne, que se corrompe...
E mais ainda porque é feita apenas de carne
— de seio, de ventre,
de coxas, de sexo:
perde-se, perde-se,
é a única coisa que segue perdida para sempre,
todo o resto paciência,
mas na carne está a única coisa certa que se vai,
e isso é tudo, minha tumba!

Vejamos: que coisa pensava, graças a meus remorsos?
Pensava, justamente, na carne.
Mas não na carne bela, com a sua dignidade,

do rosto, dos ombros, da nuca.
Não: pensava na carne onde ela é mais carne, e que por isso
[mais morre.
A graça de um rosto ou a altivez
de um par de ombros ou a inocência de uma nuca,
não morrem. Mas aquilo que o tecido de um par de calças
(numa intimidade severa e quase imaculada)
protege, quando é rígido, e, se é mole,
desbotado e enrugado, revela quase infantilmente
— com brutal inocência — isso morre.
E porque, cada vez que (milagrosamente) goza-se dele
retorna àquela sua natureza proibida —
na graça descuidada da vida — é preciso
gozá-lo mil vezes; e não o deixar
nem ao menos um instante, não lhe conceder um só respiro
no qual ele recriará o seu distanciamento... o seu mistério...
a sua imaculabilidade que significa tragédia...
Apenas quem, com tudo o que pode violar,
e violou, sempre, todos os dias, todas as horas,
pode dizer que vive. Porque viver é tremer.
Depois, quando tudo acabar, tudo acabará:
não haverá um rosto imortal e um sexo mortal.

Renúncia idiota, antecipação da morte, cretina,
feita em nome dos vizinhos de casa —
de uma vida urbana não menos obscura —
de um pai e de uma mãe, gigantes, sim, vá lá,
mas pequeno-burgueses e fascistas — de altos ideais
que no fim das contas nada significam:
como moralidade, religião,
e todas as outras parvoíces do gênero;
tudo papagaiada da vida,
enquanto o que importa é apenas o profundo silêncio
com que se toca, tremendo, um regaço.

Nos meus remorsos,
eu sonhava aquele ventre
— com um só olhar, no sonho, para o rosto,

apenas para entender de qual ventre se tratava...
e tanto melhor, claro, se aquele rosto fosse belo
— um jovem de nariz um tanto chato, digamos,
e o lábio superior arqueado
como o de uma pescadinha,
os cabelos louros quase raspados
reduzidos a uma poeira de palha —
ou talvez um jovem moreno
com a boca de árabe adolescente,
cruel, mas afetuoso como uma mãe...

Ah, este terrível sopro de ar...

Aquelas calças de todos os dias da vida
fetiches do sexo e do trabalho...

É isso, o que quero, sem remorsos!

Quero a sua honesta brutalidade,
o seu clamor, a sua ânsia,
pela transgressão que numa noite qualquer
se cumpre no leve fedor sagrado do sêmen.
Quero, também, de sua parte um pouco de ironia
que se converta em distante e no fundo passiva
a sua cumplicidade de jovem escolhido ao acaso entre os jovens.
Fico toda rígida, pura tensão,
com o violento palpitar,
que me torna espírito,
e me leva para fora de mim.

Nesta ascese
não se pode comprovar outra coisa
senão aquilo que eu quero.

Vem, filho com pretensão de pai,
ou pai ainda filho, vem,
cumpre o teu simples ato.

Porém como esta é uma noite
qualquer, podemos não respeitar nada
e fazer isso que até o momento ignoras,
e pelo qual a tua boca, abrindo-se, sorri.
Tu aceitas logo, ficas aí,
porque és filho da noite,
que não te ensinou ou te impôs nada,
e em tuas pobres casas — nas quais distantes se acendem
as primeiras luzes — a vida custa tão pouco
que se pode fazer com ela o que se quiser.

Ata-me as mãos...
O que faço?
Caminho?
Vou até o quarto dos filhos?

(*Dá alguns passos.*)

Ajo antes de ter decidido?
Ou já o decidi, sem o saber?
Sinto-me obrigada a fazê-lo: e sei apenas aquilo que devo fazer.
A sequência de minhas ações está bem clara em minha mente.

Há um rio, que corre numa planície, perto daqui.
A primavera torna sua água turva e quase amarela
(enquanto nos períodos de seca é azul, de marfim
entre o cinza e o cobre das ramas secas).
Andarei às margens desse rio — com a luz
que desenha a imensidão... das vidas que passam,
contra o dia...
Ficarei um instante naquela margem dos primeiros dias de junho;
depois desaparecerei, na água, tornada, assim, trágica
(mas que muito rapidamente volta a correr somente).
Primeiro, terei atravessado toda a grande cidade.
E depois aquele resto de campo que sobrou entre ela e o rio:
atravessarei assim o meu presente e o meu passado.

Mas não estarei sozinha, porque — ainda antes —
aqui, dentro desta casa — no silêncio

dos primeiros sonos — terei alcançado o quarto dos meninos.
Portanto eles estarão comigo, fazendo-me companhia.

Não serão dois companheiros vivos, no entanto, mas dois
[companheiros mortos.
De fato, antes de chegar a seu quartinho,
buscarei uma faca, na cozinha, deste lado.
E é isso o que, ensaiando os passos, me disponho a fazer.
(*Dá alguns passos.*)

Eis tudo!
Se dirá de mim: morreu por um sopro de ar.

Intervista con Pier Paolo Pasolini al suo debutto come autore teatrale

UN'ALTRA VISIONE DEL MONDO

TORINO, dicembre

Una sorta di rimessa, chiamata « Deposito d'arte presente ». Qui, nella inconsueta cornice, Pier Paolo Pasolini ha presentato al pubblico torinese la suà prima prova teatrale: « Orgia ». Parlandor di pubblico, in questo caso occorre precisare che per Pasolini, così come ha dichiarato nel suo ben noto « Manifesto per un nuovo teatro », gli spettatori sono da ricercare « in quelle poche migliaia di intellettuali di ogni città », pari « all'autore dei testi e perciò soli e giusti destinatari di quel rito rale in cui dovrebbe trasfor il nuovo teatro vagheggiato scrittore », ovvero il « Teatro Parola », opposto sia al « T della Chiacchiera » (termine viene sbrigativamente definit to il repertorio tradizionale, da

peare e Jonesco), sia al « Teatro del Gesto e dell'Urlo » (tra cui vanno comprese le varie forme teatrali moderne, compreso l'happening).
Nello stanzone del «Deposito», trasformato in teatrino con tanto di palcoscenico e platea, ho avvicinato lo sconcertante autore-regista-scrittore. Il suo commento alla sentenza di assoluzione per « Teorema » è: « E' giusto, al momento giusto ». Difficile condurre un'intervista con Pasolini. Da qualche tempo evita i giornalisti, che nel migliore dei casi giudica immaturi di fronte alla sua arte. Non riuscendo perciò a farlo parlare del suo lavoro teatrale (« E' troppo presto perchè si possa discutere di "Orgia": è meglio che i giornali stiano lontani dal teatro e lascino giudicare dal "mio" pubblico »), lo abbiamo pregato di parlarci del tanto discusso « Teorema ».
« Sul film è stato detto e scritto molto. Ho saputo che il Pubblico Ministero aveva richiesto che la pellicola fosse bruciata, come si è soliti fare per i films pornografici. Per chi ancora non lo avesse scoperto, non c'è nessun rapporto fra le mie pellicole e certa produzione, che io tra l'altro non vado a vedere perchè mi dà soltanto fastidio. Per quello che ne ho sentito dire, sono films soprattutto stupidi ».
Con una punta polemica, lo scrittore ha proseguito: « In Italia hanno processato il mio film. In altri Paesi si mette in discussione il cosiddetto codice morale tradizionale. Naturalmente non sono favorevole a certi eccessi, ma ritengo che tutti possano comportarsi come vogliono nella loro vita privata. Allo stesso modo ad un artista deve essere concesso, nel limite del lecito, di esprimere la propria arte nel modo e nella forma che crede più congeniale ».
« Teorema » non è un film osceno e Pasolini ha vinto la sua battaglia.
« Qualche anno fa forse la vicenda processuale si sarebbe conclusa diversamente. Questa sentenza riflette un'evoluzione in atto nella nostra società. Purtroppo si tratta di un'evoluzione lenta, che dimostrerebbe che la società ufficiale oggi è in fase di involuzione. John Kennedy, Giovanni XXIII sono stati spodestati da De Gaulle e dai colonnelli greci. Perciò è ancora prematuro parlare di evoluzione, anche se esistono le premesse perchè questo avvenga ».
Gli occhi nascosti dai consueti occhiali neri, la pesante camicia di lana, i calzoni di tweed, Pier Paolo Pasolini se ne va. Vorremmo chiedergli ancora molte cose, discutere con lui, ma è impossibile. Gli abbiamo fatto un'ultima domanda: « "Orgia" è un'opera autobiografica?». Ha risposto: «Non ho voluto parlare di me stesso, ho rappresentato una borghesia in cerca di una soluzione puramente esistenziale alle sue crisi di coscienza. Per me è diverso: prima il misticismo e la cultura poi la ideologia marxista mi hanno condotto ad un'altra visione del mondo ».

Francesco Fornari

EPISÓDIO V

uma jovem Esta é a tua casa?

homem Gostas?

uma jovem É bonita.

homem Tira o casaco...

uma jovem Tens certeza que não vai chegar ninguém?

homem Essa casa é minha.

uma jovem Mas vives sozinho?

homem Sim, agora vivo sozinho.

uma jovem Agora?

homem Antes havia minha mulher,
e havia os meus filhos.
Nesta primavera foram-se embora...
e nunca mais voltaram...

uma jovem Brrr, começa a estação ruim,
desde manhã está tudo enevoado...

homem Com as primeiras chuvas do outono
e o verão que ainda não acabou...
é o momento mais belo para fazer amor.

uma jovem Ah, para mim é sempre igual!

homem Não é verdade — hipócrita. Com nuvens
apetece-te mais ficar em casa.
E fechar as janelas
para que se forme a primeira quentura
no quarto onde estás fechada:
uma tepidez esquecida, mas tão
profundamente conhecida:
a tepidez dos outros anos!
Sentes a nostalgia do fogo,
e a carne sob a primeira malha de lã
é sensível a toda essa novidade do ar fresco
no coração de um céu ainda sereno.

uma jovem Como são os teus filhos?

homem Um tem seis anos, o outro quatro.
São dois machinhos sérios como tantos outros.
Às vezes até me parecem mais velhos que eu...

uma jovem Então posso tirar o casaco?

homem Podes, já te disse... O maior é cruel,
os olhos sombrios cheios de amor pela mãe.
O outro menor também está repleto do mesmo amor,
mas os olhos se riem, não lhe importa nada,
é leve e engraçado como um animalzinho,
e em seu grave respeito pelo irmão mais velho
há uma espécie de alegre piedade...

uma jovem É verdade, como é bom o ar fresco,
quando aqui dentro se sente um belo calorzinho.
Sim, sim, parece o ano passado.

homem Ou parece ser, talvez,
daqui a dez anos... (se ainda estiveres viva).
Este é um dia
dentro do futuro — isso te agrada? —
no fim de um verão
ainda por chegar... Olha, hein?,
como o tempo passa depressa, ainda que avance tão devagar!

uma jovem Mas por que dizes: se ainda fores viva?

homem Agora despe-te.

uma jovem Sim, porque eu estive doente:
dois anos no sanatório, meu filho.

homem Ah! Mas agora despe-te.

uma jovem Queres me ver enquanto me dispo?

homem Sim.

uma jovem Sabes que me dás vontade de rir?

(*Começa a despir-se.*)

homem O verão terminou,
mas ainda tens a pele escura...

uma jovem Não podes pôr um disco?

homem Não tenho. Faremos tudo em silêncio.

uma jovem Mas tu, por quem me tomas?

homem Por aquilo que és, a jovem
do primeiro dia encoberto do verão.

uma jovem Ah, então está bem...

homem Não tens vergonha de me olhar nos olhos?

uma jovem Não, por quê?

homem Porque estás nua,
como o animal num prado.

uma jovem Como me olhas maldosamente!

homem Nunca te envergonhaste?

uma jovem Um pouco da primeira vez, mas depois jamais.

homem Mas não pensas no teu ventre?

uma jovem O que isso tem a ver?

homem No teu ventre! No teu ventre!
Este ângulo do corpo que todos escondem,
que não deve existir,
que todos fingem não ter,
ou pelo menos fingem não pensar nele,
de serem livres em relação a ele...
Até o teu pai!

uma jovem Faz-me rir! Quem iria pensar
jamais uma coisa dessas...

homem Tu achas natural
teres o teu sexo,
esta fronteira lisa
no fundo do teu ventre
lambido por uma maré negra...

Mas é inatural... inatural!
Não sabes que é intolerável e escandaloso
confirmar no próprio caso uma regra geral?[22]
Tu fazes isso ao te mostrares nua a mim...
Para que me entendas... veja, pensa em dois pais...
sim, dois pais... dois homens adultos,
sem mais nenhuma
das frivolidades da juventude...
um diante do outro,
como dois jovens patifes,
com as calças desabotoadas
que se olham...

uma jovem Ah, ah! Ho, ho! As coisas que te vêm à cabeça...

homem E aqui estás, com o ventre nu...

uma jovem Sim, está bem, já entendi.
Mas tu não te despes?

homem Eu não, porque sei que tu és porca,
e gostas mais de um homem exposto com suas calças baixadas
do que nu em sua natureza, simples como a tua.

uma jovem Por mim, faz como quiseres.

homem Gostas de fazer mal?

uma jovem O quê?

homem Fazer mal.

uma jovem Ao homem?

homem Ah, compreendeste.

uma jovem Mas como?

22 Ver "Note e notizie sui testi", in Pier Paolo Pasolini, *Teatro*, org. Walter Siti e Silvia De Laude. Milão: Arnoldo Mondadori Editore, 2001 p. 1.157. Trata-se de uma citação de passagem famosa do *Zibaldone di pensieri* (1898) de Giacomo Leopardi: "O homem fica atônito de ver confirmada no próprio caso a regra geral" (tradução minha).

homem O que quer dizer fazer mal?
Te faz mal quando um homem
te pega com murros e pontapés?

uma jovem A mim? Ai dele se ousa sequer
levantar-me uma mão! Verá com quem fala!

homem Filha de gente pobre... queridinha...
carne que se defende, ainda que não custe muito...
Que tem de lutar, fazendo passar por vitórias
a resignação face às próprias surras que recebe continuamente...

uma jovem Tua face ficou branca branca... E me parece
que também tremes... O que tens?

homem Tenho a cara branca? Tremo?
Talvez seja esta luz...
E depois... estou um pouco doente.
Mas é preciso não pensar nisso.
Então, gostas de *fazer mal*?

uma jovem Mas como? Como?

homem Por exemplo... Quem foi o último
que gozou contigo?

uma jovem No domingo passado... Era, lembro,
um rapaz siciliano,
que presta serviço militar em Bolonha:
ele veio ver os seus parentes...

homem Era um rapaz bonito? Moreno? Cabelos castanhos?

uma jovem Não me lembro... Parecia um bandido.

homem Então... pensa que esse bandido
pronto para fazer o amor como ele o faz,
isto é, como uma mãe que te aperta junto ao peito

ou como um pai que te tranca em casa —
com seu grande sexo de siciliano —
forte como um tronco e tenro como um fruto —
pensa que alguém te entregasse atado, esse soldado,
e te dissesse: Olha diante de ti quanta força
impotente: humilha-a, fere-a,
vinga-te de sua pretensão de fecundar...
fá-lo chorar como um menino sem sêmen...

uma jovem (*Ri.*)

homem Ah, a tua consciência do mundo
é pequena como o teu destino!

uma jovem (*Ri.*)

homem Estás sozinha com ele, está nas tuas mãos. Compreendes?
Faz qualquer coisa que já não seja desta terra.
Que está fora de quaisquer limites, está no espírito.
Um rapaz forte que se prepara para ser pai,
e segue, aventuroso como um belo Dom Quixote,
com os seus pés e o seu sexo pelo mundo,
caiu — e tudo pode acontecer: tudo,
salvo aquilo que já faz parte do mundo...

uma jovem Não consigo te entender...

homem Estás sozinha com ele!
Sozinha! Sozinha!

uma jovem Isso entendi...

homem Ótimo, por exemplo nós dois...

Que paz!
É a primeira noite!

O mundo não sabe nada,

é feito de homens que voltam do trabalho,
e a torrente de automóveis, ouves?
segue, na luz, como um suspiro.

O homem que está para fazer amor — eu —
como diante do monumento
de uma carne que transborda sangue fresco — tu —
está tremendo, sabes, até bater os dentes.
Está em êxtase.
Aquilo que é sagrado em primeira idade de filho,
realizando-se, torna-o imortal.

Deves saber, que tudo isso retorna e se repete.
Cada ereção nova o exige.

Não basta a primeira vez,
porque não te lembras dela.

Buscamos, nessa repetição
um evento inaugural.

E nunca cessamos de procurá-lo
porque o esquecemos a cada vez.

Mediante a repetição,
revive-se apenas uma Coisa.

Estás à espera, em companhia de tua vítima
(que espera, contigo, a realização do sonho),
pela realização de uma realidade
que destrói toda realidade diferente.
TODO DEUS DESAPARECIDO RETORNOU.

Era um dia de sol,
na pracinha silenciosa
de uma pequena cidade ou de uma aldeia
entre as montanhas e o mar,
um dia de paz igual

a outro do Seiscentos ou do Oitocentos;
e ali me apareceu Deus.
E depois subitamente desapareceu.

Cada nova ereção,
ou ânsia ou vergonha de ereção,
busca que a coisa se repita,
e que seja um retorno de Deus.
(*Agarra a mulher e ata-lhe as mãos.*)

uma jovem Socorro, o que queres fazer? Socorro!

homem Cala-te, idiota, senão mato-te já.

uma jovem Socorro, mãezinha, por piedade, deixa-me!

homem Não te vou fazer nada de mal... talvez.
Talvez me baste o teu medo,
verdadeiro, que te escorre do focinho
em vagas, um pouco mascarado por vergonha...
e um pouco por pensar que ao manifestá-lo pioraria as coisas...
Vês? Vês que nenhuma outra realidade conta?
É um êxtase no qual desaparece o mundo
e começa a reaparecer Deus.

uma jovem Sim, mas agora vamos, é tarde,
tenho de voltar para casa!

homem Te disse antes que minha mulher e meus filhos
foram embora nesta Páscoa. Mas não é verdade.
Eu os matei. É a ela que deveria matar,
mas achei mais belo matá-los todos.
Depois os tomei, e os atirei ao rio.

uma jovem Não é verdade! Não te creio!
Mas agora, por favor, desata-me as mãos!

homem Sabes que não me importaria nada

a tua morte? Porque não existe mais nada
além da morte — exceto a minha vontade.
Sabes que talvez nunca mais voltarás para casa?
Que não voltarás a ver tua mãe?

uma jovem Que coisa dizes? Ó Deus...

homem Vais ficar aqui
nas minhas mãos,
porque és uma menina,
com as mãos avermelhadas do trabalho
e uma primeira leve ruga sobre a testa...
Uma menina um pouco menino, és:
aventureira e confiante como um macho.
Dás a fenda no fundo do ventre
ao homem como se a desses a um amigo, não
[é verdade?
Assim aprenderás a confiar tanto na amizade!

uma jovem Falas como um louco, ó meu Deus,
deixa-me ir embora...

homem Vou montar-te cem vezes, interrompendo-me...
E nesse tempo vou moê-la de pontapés e murros,
como um marido bêbado...

uma jovem Ai, já chega, mãe, mãezinha!

homem Vou dar-te murros e pontapés
porque não mereces outra coisa
por culpa da tua inocência!
E eu sufoco de vontade de perder-me
e de acabar de uma vez por todas.

(*Começa a golpeá-la.*)

uma jovem Ah não, não! Nas costas não!

homem E por quê, eu te bato onde quiser...

(*Continua a bater-lhe.*)

uma jovem Por favor, nas costas não!
Estive no sanatório, eu! Eu te disse, te disse!

homem Aaaaah, eu sei:
e se soubesses a bela notícia que me deste!
No sanatório, estiveste, aonde vão os pobres...
Cadela, pobre cadela,
que veio vestidinha de puta...
para comover-me... Cheia sim de saúde, pobrezinha,
mesmo com teus pulmões esburacados...
És pobre, e a vida te golpeia:
não é assim? E eu faço como a vida.
Vá, grita, agora, que depois te calarás:
porque, amanhã de manhã — se não te matar antes —
te resignarás, e voltarás
pelos teus caminhos como se nada tivesse acontecido!
Sobreviver é muito, santa, querida putana!
Vais contar a história, vitoriosamente,
e depois encontrarás um outro, porque a vida
te atira para cá e para lá, e tu heroicamente segues,
não é assim?

uma jovem Sim, sim, é assim. Mas agora deixa-me ir.

homem Nem pensar!

(*Começa a golpeá-la novamente.*)

uma jovem (*Grita.*)

homem E quando estiveres prostrada por terra
sovada como uma vitela,
talvez eu desabotoe as calças, e mesmo sabendo
que minha urina é desprovida de inocência
e de frescor animal, eu a descarregarei sobre ti,
entendeste? Sobre esses olhos embriagados

de inconsciência demasiadamente idiota,
sobre esse peito santamente desavergonhado!

(*Recomeça a bater-lhe.*)

uma jovem (*Grita.*)

homem Quê? Pensavas talvez que eu estivesse brincando?
Achavas que eu não queria REALMENTE...

(*De repente para de bater-lhe e cambaleia.*)

Aaaah, me sinto mal...
Tenho a testa cheia de suor, e tremo...
como acontece quando realmente... Estou mal...
Ajuda-me, Deus!

(*Vomita.*)

Tinha de acontecer.
Alguma coisa me atira para o fundo...
Um calor na cabeça, ah meu Deus,
talvez eu desmaie...

Se isto é morrer... Aqui estou eu,
recebo-a com resignação... não penso em nada.

Desmaia em cima do próprio vômito. A jovem consegue desatar as mãos, apenas enfia os sapatos e o sobretudo sobre o corpo nu, e foge correndo.

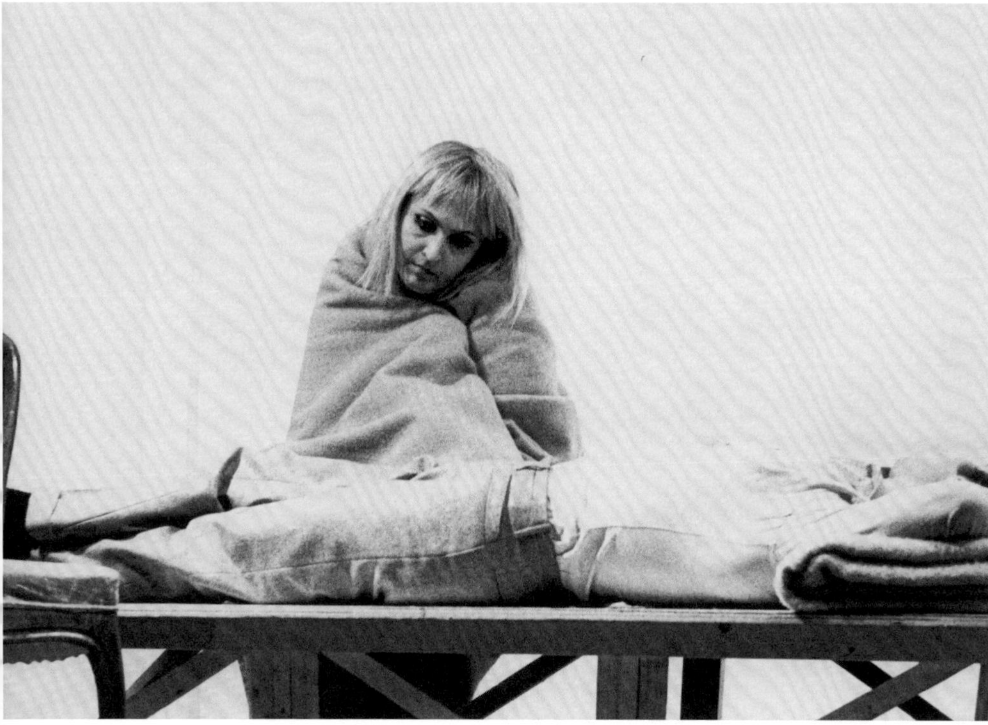

«ORGIA» DI PASOLINI E' LO SPETTACOL

L'impiccagione

ABC INVIATO **CORRADO TERZI**

TORINO, dicembre

L'« uomo » è solo ed è nudo. L'orgia sta per finire. L'abbiamo vista e sofferta attimo per attimo, dentro un cubo bianco. Un'orgia di sensazioni e di parole senza pudore. Prima l'« uomo » ha legato, spogliato e torturato la « donna », possedendola con cattiveria, resistendo alla natura e agli impulsi per non farle sentire la gioia, poi l'ha offerta alla libidine di tutti gli sconosciuti che hanno accettato di violarla. Poi l'ha picchiata e mortificata, fino a quando lei, travolta dalla logica delle circostanze, ha preso un coltello e ha sgozzato i loro due figli in tenera età. Annullandosi e scomparendo in questo orrendo e assurdo gesto di ribellione. L'« uomo », solo, ha attirato nel suo letto una giovane prostituta, l'ha fatta spogliare, ha assaporato la volgarità di quello spogliarello senza passione, le ha legato i polsi e l'ha colpita, bestemmiando, odiandola perché lo eccitava, disprezzandola perché la sua presenza gli faceva sentire ancor più la propria impo- nza. La ragazza, coperta lo da un trasparente paio mutandine, fugge dalla sa. E finalmente l'« uomo » solo ed è nudo nella ca- piena di luce abba- e. Per terra, intorno oi piedi, sono rimaste poglie della sua vittima: reggicalze nero, le calze che, leggere, la sottoveste nera, le mutandine dell'altra donna. Parlando con una dizione chiara e monotona, l'« uomo » lentamente, quasi celebrasse un rito sacro, si veste di quegli indumenti che non sono del suo sesso. Con fierezza provocatoria, con una sfacciataggine studiata, con noncuranza e insolenza, si trasforma in qualcosa di assurdo: prima le calze, infilate con le movenze muliebri che tutti conosciamo, poi il segno nero del reggicalze intorno ai fianchi, i lacci elastici che si tendono per sostenere le calze, poi le mutandine che vanno a coprire un sesso anòmalo, quindi la sottoveste e ancora la vestaglia e ancora i gesti per lisciare la sottoveste lungo i fianchi e aggiustare il collo della vestaglia intorno al viso e al collo. Quindi la corda. La corda dell'impiccato, il cappio che si stringe gelido mentre il corpo di « lei » viene punito con la morte.

Questo è *Orgia*, primo spettacolo teatrale di Pier Paolo Pasolini, che il pubblico non ha mostrato di gradire né di capire. Vera-

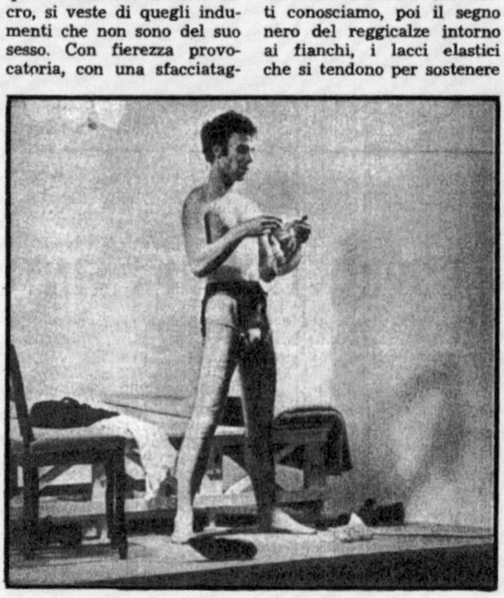

lle due sequenze fotografi-), tutti i momenti più audaci mo spettacolo il cui corag- ', sul piano del realismo, è nza precedenti. Sopra: lo pogliarello della prostituta (l'attrice è l'esordiente Nelide Giammarco); sotto: il « travestimento » dell'« uomo » (l'attore Luigi Mezzanotte). L'altra interprete di « Orgia » è Laura Betti, nella parte della «donna».

J' AUDACE DELLA STAGIONE TEATRALE

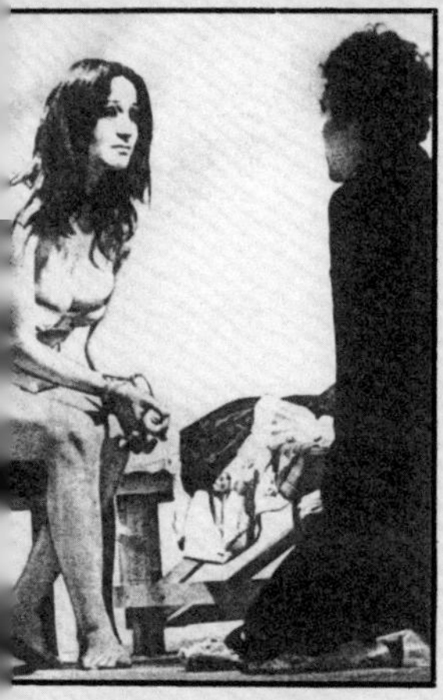

del travestito

ente, entro certi limiti, il solini di *Orgia* è chiarisno. In questo spettacolo nvergono tutti i suoi simi preferiti, appena velati un linguaggio letterario co ed evanescente. Esem:

L'«uomo»: «Una volta e ti avessi uccisa ti dinticherei, tornerei al palo come una bestia, in altro giorno, sotto un al sole, di cui farei espenza per la prima volta rché ogni esperienza pasa è senza valore».

La «donna»: «Potresti ssare accanto alla mia nba e non riconoscerla. sciarci vicino. Ma questo n farebbe altro che accrescere la felicità di cui sto tremando».

La «felicità» cui allude la «donna» è quella di venire, fra poco, torturata a sangue dall'uomo, di essere posseduta e calpestata, di sapere che le sarà negato il piacere e che nessuno, dal suo sacrificio, trarrà gioia, ma solo disprezzo. Ma la donna, nella poetica pasoliniana, è una creatura fatta così: una masochista la cui carne serve a creare l'uomo o a tormentarlo. Senza altre alternative. Ecco perché l'«uomo» compie l'orgia: perché ha bisogno, degradandosi, di liberarsi della immagine suggestiva della donna. Nell'orgia, egli la vuole nuda in tutta la sua spudorata e animalesca voglia di piacere. Una voglia che lo terrorizza e lo spinge alla vendetta. Fino al sacrificio finale. Quando l'attore comincia a liberarsi dei suoi indumenti maschili, Pasolini ha certo raggiunto, forse senza saperlo, l'unico momento tragico dello spettacolo. Perché in quel momento la sua autobiografia si nasconde dietro un punto interrogativo. Non sappiamo che cosa il poeta intende rivelarci di sé. Siamo presi dall'angoscia.

Poi, gesto dopo gesto, la azione acquista il suo significato. L'«uomo», attraverso l'orgia, si è purificato del suo amore per la «donna» e la elimina. Scomparse le donne della realtà, è rimasto intorno a lui, a brandelli, il simbolo della «donna», la sua parvenza attraente, eccitante, equivoca, pericolosa. Allora, egli assume quelle spoglie, accetta il travestimento fino alle ultime conseguenze. Anche la cipria in viso, anche il rossetto sulle labbra, anche la vestaglietta della puttanella. Poi, di colpo, violenta, la morte, il sacrificio. Ora l'«uomo» è libero.

Nulla di più pasoliniano, dunque, di questa invenzione scenica destinata a perpetuare il mito inseguito, prima di Pasolini, da altri autori e artisti, talvolta autentici e intensi, come Jean Cocteau, Verlaine, Rimbaud. Ma chi non ha interesse né sensibilità per la poetica di Pasolini ha certo rabbrividito ascoltando un testo nel quale, per bocca di Laura Betti, si intesse l'elogio della sodomia e di un rapporto fra uomini come era inteso nell'antica Grecia di Socrate e di Platone.

Con *Orgia*, insomma, Pasolini ha offerto al teatro italiano lo spettacolo più audace della nuova stagione, tuffandosi, come in *Teorema*, in una storia autobiografica dove il misticismo si intreccia alle ossessioni sessuali.

L'autore di «Teorema» ha scritto un'altra delle sue storie autobiografiche dove il misticismo si intreccia a una angosciosa problematica sessuale. Un dialogo che spoglia l'«uomo» e la «donna» delle proprie apparenze

EPISÓDIO VI

homem (*Se levanta.*)

Que concertino de anjos
ecoou nas paredes do meu crânio.
Escutei-o, com atenção e arrebatamento:
não sabia que se podia estar tão bem
caído por terra como um fantoche sobre o próprio vômito.
Eram instrumentos festivos e longínquos
como a última nuvem colorida
depois da destruição do mundo...

Desmaiei, e vomitei; quanta paz
no meio do vômito e das lágrimas!

Onde é que ela foi?

Solidão total.

Eis, à minha volta... os sinais da nova realidade.
Uma casa cheia de um silêncio inatural;
uma corda absurda; alguns trapos;
alguns rastros acusadores, de vômito.
O que me revelam todos esses sinais?
Revelam-me que esta realidade não me pertence.

Ela pertence agora somente aos outros,
(vizinhos de casa, colegas… e quatro policiais
servos de Deus).

Muitos pares de olhos, suponho, verão esses sinais.
E os compreenderão; e assim, depois de uma longa posse,
serei expropriado de minha realidade,
que voltará a seus legítimos proprietários
na memória cinzenta do mundo.

(*Começa a despir-se.*)

Estava escrito, em algum lugar,
sempre esteve escrito:
e eu nunca tive vontade de ler.

De uma larva branca,
em sua inocente indecência
despontou um rapaz imberbe,
com seus cabelos castanhos e já velhos,
severo servidorzinho do mundo,
que teve uma família e foi à escola,
pronto a tudo, experiente em qualquer forma de compromisso,
dedicado ao exercício de aprender
e de fazer-se digno do futuro comum.
Eu sigo sendo esse rapaz imberbe saído da larva.
Mas, depois, os primeiros fios de barba!
As primeiras gotas de esperma!
Aaaaaah!

Em poucas semanas voltei,
para trás, a ser
a silenciosa larva com seu discreto sorriso
que só pensa em sugar a vida.
E foi isso que me aconteceu:
mas eu, repito, sempre acreditei (ou decidi)
ser aquele rapaz imberbe caído nas graças do mundo
Eu, no que diz respeito à minha consciência,
aceitei portanto, o mundo!
Eu, baixei a cabeça!

Mas a pequena larva — e o homem
que depois foi seu escravo —
queriam outra coisa.
A minha vontade de normalidade
acabou por não contar:
era isso o que estava escrito e eu não quis ler.

Agora, a dor terrível que experimento morrendo
é só pela única coisa que amo:
a carne tão mastigada e nunca deglutida de minha mãe.
E também, também não é essa dor o que mais importa.
(*Enquanto isso despiu-se, até ficar inteiramente nu.*)

Sofri o processo de ser
algo de DIVERSO. Foi isso que me aconteceu.

Por qual projeto de mundo?

Para que os outros, talvez, se reconhecessem justos?

E, assim, pudessem seguir, encorajados,
o curso da vida?

E agora, aqui, ao morrer,
não faço mais que cumprir essa minha função?

Mas o homem a quem, porca miséria, tocou o destino
de ser DIVERSO,
tem de estar toda a vida quieto,
marcado, cadastrado, em sua diversidade?

Pertence apenas aos outros (os simpáticos, comoventes
[normais)
a prerrogativa de seguir em frente, quer dizer,
evoluir, e fazer a história?
Enquanto para mim, DIVERSO, e para todos
os meus desgraçados companheiros de infortúnio
(Negros, Judeus), nada. Nada de História.

Um destino de imobilidade preservado pelo ódio.
Pelo ódio, digo, dos irmãos,
que, mediante evoluções e revoluções,
morais e religiões, avançam, só eles, passo a passo.
Ah, não!

Eu, ardentemente obediente a essa regra,
ao final de minha puberdade — como já o disse,
no presente, espirituoso monólogo —
fui um bravo adulto, que se submetia
com a boa-fé do escolar
a todas as regras do jogo (do poder):
mas não só isso: aceitava ainda,
com diligência, a condenação lançada contra MINHA
[DIVERSIDADE!
Incrível!

E agora, por que finalmente, ó bela, me rebelo?
(*Começa a recolher as roupas da jovem e a vesti-las: primeiro, as meias.*)

A marca destas pobres meias
de pequeno-burguesa de periferia
diz com grande clareza duas coisas:
primeiramente: a sua caducidade,
em segundo lugar: seu pertencimento à esfera do poder.

Numa butique invadida por um rosa tremendo —
que brota de uma rua desconhecida da cidade
tomada por um crepúsculo fantástico — e doce,
familiar apenas para quem habita aqueles bairros —
apenas havia estiado... e entre todo aquele rosa
nascia uma lua, repleta de uma lógica fatal...
(*Enfiou as meias, e então coloca as ligas.*)

Primeiramente: a caducidade;
segundo: um lugarzinho no mundo do poder.
Duas belas desculpas para ser *diverso* em paz.

Querida morte, ah, ah, como me eras útil
para poder fingir
que o tempo não era nada; que não passava.
E que por isso era adequado estar quieto
ocupado apenas com as minhas magníficas, divinas porcarias!
Uma cinta-liga barata.
Um amor, um vulgar, piedoso amor.
(Um amor de quem não sabe nada, mas — dado que até uma
[rapariga
puta ou criada, sabe todas as coisas, como toda criatura —
que imensidão nesse não saber nada!)
(Existe sem dúvida uma analogia entre os inocentes e
[os DIVERSOS:
porém que abismo separa a servidão dos inocentes
e a servidão dos DIVERSOS!
Aos primeiros, ninguém jamais acusará de não irem adiante
— na história, na história... — enquanto aos segundos...)

Cinta-liga de apenas uma estação,
Por Baco, me fizeste brincar contigo como um gato,
que de nada sabe, inocente máquina bigoduda...
Eu te lambi e te arranhei com toda a infinita
exaltação... do louco
instalado na vida magnificamente.

Estava de fato aterrorizado pela chantagem da religião.
Mas repito, esse terror era para mim muito cômodo, muito,
porque me habituava a sentir terror por tudo,
e assim baixei a cabeça, me encerrei em minha carapaça
onde, ó grande Deus!, pude fazer tudo o que quis.
(*Ajustou a cinta-liga, e põe as calcinhas.*)

Ê, calcinhas da minha mãe!
Primeiro: a caducidade — e então a resignação.
Segundo: a onipresença do poder — e então a hipocrisia.
Calcinhas da cegueira, cápsula de vergonha.
Mas sim, mas sim, voltaremos ao pó: isso nos protege,
de um lado, do risco de sermos loucamente porcos,

e de outro de obedecer a qualquer um que quisesse
que jamais se falasse de vós; e que vós
fôsseis *fonte de silêncio.*

(*Colocou as calcinhas, e agora pega a anágua.*)

O mesmo se pode dizer desta combinação.
Tema de cançonetas, nas televisões, e companhia.
Aí está! Existem mistérios desse gênero. Quem disse
que mesmo uma vida pequeno-burguesa não seja misteriosa?
Ao contrário, é misteriosa também essa: coloquemos como a vida
de um antigo Grego.
Ela é impenetrável: porque a sua feiura
e sua vulgaridade (da qual, ó bela, sou agora consciente)
não podem impedir de ser real. Não há fronteiras para o mal.
Eu aceitei esta anágua tão vulgarzinha;
aceitei a sua graça
ao alcance de todos, a sua inocência
necessária às complicações da riqueza;
a sua inocência: na qual a morte
introduz o princípio da resignação.
(*Enfiou a combinação, e pega a saia.*)

Não és tu a saia de lã leve
que se veste quando o verão está para terminar?
Tu também, também tu,
não dizes outra coisa senão que o tempo passou por ti,
este que destrói, no berço, as esperanças.

Sim, isto é importante, e o sublinho:
a morte que autoriza a orgia,
torna por sua própria natureza imbecil o esperar.
(*Enfiou a saia.*)

Não é das montanhas da lua que viestes,
signos da minha nova realidade.
Digo nova: e não é sem motivo.
Nova a ponto de fazer caducar qualquer já experimentada
ideia de novidade. De fato:
quando éreis os signos da minha realidade *velha*,

eram duas as alternativas: primeiro, com a desculpa...
da caducidade (e portanto da resignação)
submeter-se à autoridade e levar aquela magnífica vida
[de porcos.
Em segundo lugar, dar logo cabo de tudo e proporcionar-se
[uma magnífica morte
(como já aconteceu no curso desta tragédia).
Mas... agora... abre-se uma terceira alternativa...
uma alternativa... revolucionária!

Fui vosso escravo, objetos da minha vida:
em consequência, vós fostes os signos da minha obediência.
Mas agora, agora já não sou mais vosso escravo! Ah, ah,
eu subverti completamente a vossa função normal;
e assim, amanhã de manhã, sereis os signos de minha nova
[realidade.
Quanto falareis! quanto gritareis, (enlouquecidos) objetos
[banais,
palavras do silêncio e da resignação!
(*Tira da bolsinha o batom, o pó de arroz, e começa a maquilar-se.*)

Eu o repito: em nome da morte
que vós me predicastes por toda a vida,
coisas humildes, eu reneguei a consciência
da minha diversidade. Que, assim, não conheceu história.

Ela permaneceu sempre no mesmo lugar, como vós.
Mas agora pronto, eu o repito,
de súbito vos faço falar uma outra linguagem.

Ah, em quantas ocasiões, em quantos momentos
da minha adolescência, da minha juventude,
em casa, na escola,
nas ruas do centro cheias de rostos notórios
como máscaras, ou naqueles becos da periferia...
onde ainda reluz o tremendo rosa
daquelas poças...

QUANTAS VEZES EU PODERIA TER ME REBELADO!
E no entanto, de uma vez por todas — o repito, o repito —
pronunciei um atroz juramento de lealdade.

Agora me preparo para renegá-lo.

A minha linguagem se tornará muda por excelência,
e assim pela eternidade... E no entanto
quem vier amanhã de manhã, e erguer os olhos para decifrá-la
compreenderá *que terrível força, nunca imaginada até agora,*
teria tido o meu desejo de ser livre,
se houvesse vencido o meu instinto
através do qual a morte
havia declarado inútil qualquer esperança.

O pequeno grupo de pessoas que o sol trará até aqui
representantes do imenso mundo da história
(os vizinhos de casa, em silêncio, os policiais
com seus tristes suores, os enfermeiros
vindos do campo: como os vejo bem!)
se encontrarão perante um fenômeno expressivo
indubitavelmente novo, tão novo que produzirá um grande escândalo
capaz de esmerdear, praticamente, todo seu amor.

De fato não faço isso (como, repito,
já se fez no curso desta tragédia)
por haver perdido o discernimento da lei:
mas por tê-lo reencontrado e... JULGADO.

Eis aqui, o bonzo está pronto.
(*Começa a fazer todo o necessário para enforcar-se dependurado nas vigas do teto.*)
Sol, detém-te sobre Gibeão, e tu, ó lua, sobre o vale de Aialão![23]
(*Sobe na cadeira e enfia a cabeça no laço da corda.*)

Alegrai-vos!

23 A citação bíblica refere-se a uma suspensão divina na passagem do tempo para facilitar a conquista da Terra Prometida. Ver *Josué* 10:12-3: "No dia em que o Senhor entregou os amorreus aos israelitas, Josué exclamou ao Senhor, na presença de Israel: 'Sol, pare sobre Gibeão! E você, ó lua, sobre o vale de Aialão!' O sol parou, e a lua se deteve, até a nação vingar-se dos seus inimigos, como está escrito no Livro de Jasar".

Dentro de uma das tantas casas deste bairro
— ou por luto, ou por neurose, ou pelo tédio da tarde festiva —
houve finalmente um homem
que fez bom uso da morte.[24]

(1965-1970)

24 Ver P.P. Pasolini, op. cit. p. 1.157. O "bom uso da morte" é uma referência ao capítulo 19 da segunda parte ("Prece para pedir a Deus pelo bom emprego das doenças") dos *Pensamentos* (1670), de Pascal. Pouco antes, o autor recorreu à imagem dos bonzos (monges budistas vietnamitas) que ao longo dos anos 1960 atearam fogo a si mesmos em praça pública em oposição ao regime de Ngo Dinh Diem.

animal de estilo

tradução

maria betânia amoroso e cláudia tavares alves

personagens

Jan[25]
Irmã
Mãe
Pai
Karel
Novomeský
Jovem Partigiano

Espírito da Mãe
Sombra do Pai
Espírito de Karel

Guardião
Wojczek
Dubček

O Capital
A Revolução

25 Os indícios sobre a escrita de *Animal de estilo* começam a circular após viagem do escritor a Praga, em 1965, quando entra em contato com artistas e escritores locais. Em 19 de janeiro de 1969, morre, na capital tcheca, o estudante Jan Palach, ateando fogo em suas roupas em protesto contra a invasão e ocupação soviética do país. Jan, o protagonista, é seu espelho invertido: poeta, acaba por se integrar na ideologia comunista, recebendo o prêmio Stalin de poesia (Pier Paolo Pasolini, *Teatro*, org. Walter Siti e Silvia De Laude. Milão: Arnoldo Mondadori, 2001, p. 120).

A Penumbra — O Sentido da Penumbra — Caronte — O Mundo Camponês — O Ante Litteram — Bisontes — Burocratas — Um Tolerante — Ratos e Monstros — Rãs — Outros Burocratas Heterodoxos — Burocratas Ortodoxos — A Violeta — A Íris — O Amolador — Madeira — Farmacêutico — Merceeiro — O Destino — Uma Mãe — Terceiros Burocratas Heterodoxos — O Ano de 1938 — Os Corvos do Destino — O Humanismo — Um Sociólogo — Schumpeter — Kornhauser — Mannheim — Hoffer — Van Mises — De Jouvenel — Veblen — O Ar Úmido — O Crepúsculo

Escrevi esta peça de teatro de 1965 a 1974,[26] com reelaborações contínuas e, o que mais importa, com atualizações contínuas: trata-se, na verdade, de uma autobiografia. Portanto, à medida que o tempo passava, eu mantinha a obra inédita, por causa das reelaborações contínuas — minha vida também passava, e assim as atualizações contínuas também se tornavam necessárias. No verão de 1974 decidi desistir. Das atualizações, mas não das reelaborações (por isso a obra permaneceu inédita por mais um ano, completando assim a década 1965-1975). No verão de 1974, escrevi o longo apêndice quase todo. Que o leitor, se quiser, pode, porém, não ler. A obra termina com as palavras "ébrio de erva e de trevas". No apêndice, em seguida, estão coisas importantes (para mim), mas o "fim" (cuja ressonância no silêncio do "fim" é, em geral, o estilema mais bonito da obra) está ali.

26 O texto dramatúrgico teve outro título, *Poesia*. Na versão última a escolha é associada à resposta de Pasolini, em entrevista de dezembro de 1966, sobre se suas teorias cinematográficas eram ligadas à sua poética. Ele responde: "Vocês estão loucos. É muito desagradável, saibam, para um autor, ver-se considerado sempre um *animal de estilo*" (id., ibid., p. 1.200). Na sua maioria, as notas presentes nesta tradução foram extraídas de "Note e notizie sui testi" in id., ibid., pp. 1.195-212.

A Itália é um país que se torna cada vez mais estúpido e ignorante. Retóricas cada vez mais insuportáveis têm sido cultivadas. Não existe, aliás, conformismo pior do que o de esquerda, principalmente, é claro, quando a direita também se apropria dele. O teatro italiano, nesse contexto (no qual a regra é o protesto), encontra-se culturalmente no limite mais baixo. O velho teatro tradicional está cada vez mais repugnante. O teatro novo — que nada mais é do que o longo apodrecimento do modelo do Living Theatre (excluindo Carmelo Bene, autônomo e original) — conseguiu se tornar igualmente repugnante como o teatro tradicional. É a escória da neovanguarda e de 1968. Pois é, ainda estamos ali, com o regurgitar da restauração rastejante. O conformismo de esquerda. Quanto ao ex-colaboracionista Dario Fo, não é possível imaginar nada mais horrendo do que seus textos. Sua audiovisualidade e os milhares de espectadores (mesmo os de carne e osso) não me interessam em nada. Todo o resto, Strehler, Ronconi, Visconti, é mera gestualidade, material de revista.

É natural que em uma situação como essa meu teatro não seja sequer notado. O que (confesso) me deixa tomado por uma indignação impotente, visto que os Pilatos (os críticos literários) me mandam para os Erodes (os críticos teatrais) de uma Jerusalém onde em breve, espero, não restará pedra sobre pedra.

EPISÓDIO I

No Moldava

coro

Versos sem métrica
Irradiados por uma voz que mente honestamente
Vão destinados
A tornar reconhecível o irreconhecível —

Ornamentam aquilo que só pode ser um desadorno:

Eis os livres versos não-livres.
Se a consciência da língua
Toma o lugar da sua necessidade,
Institui novas formas:
Liberá-la para que se iluda,
Ou esperar que o que quer se expresse.

No vilarejo de Semice é a estação
em que os jovens carregam o Morto de Palha
enfiado em um bastão, e depois o jogam na água,
brincando, e assim no vilarejo de Tábor,
e em todo o distrito de Königgrätz: é
um domingo de primavera. Como camponeses
e pequenos burgueses, definidos assim por Lênin, e somos,
observamos com simpatia a tradição.

jan Vinte anos em terras da Boêmia!
Agonizo no sangue do bosque.

Ah, meus coetâneos,
do pé misterioso,
bêbados de vinho ritual!

Este rio,
já que sou filho de proprietários,
deveria ser mais meu do que seu
e, no entanto, pertence totalmente a vocês.

Eu venho aqui,
onde não tem ninguém porque ainda é primavera,
para apertar na mão
o meu sexo, tão diferente do de vocês.
O mato amarelado que se acha em qualquer estação
e as pedras lisas são o meu teatro.
Posso até falar sozinho.
A casa do meu pai proprietário é distante,
e lá minha mãe enlouquece, enquanto eu estico
os músculos das pernas e agito às vezes o punho
— falando alto com as árvores —
para arremessar meu sêmen.
Vinte anos em terras da Boêmia!
As calças de trama sólida, as mesmas
que cobrem os ventres, dos quais não se sabe nada,
dos meus companheiros; o topete
com as mesmas raízes, são e caprichoso,
como uma bandeira esfarrapada sobre
as orelhas de um cão feliz,
sobre a nuca ágil
sobre os ombros espartanos.
E por que justo hoje esta encenação?
Esta encenação aqui no rio abandonado
desde o outro verão, por quem o frequenta,
ou seja, pelos bandos dos meus companheiros?
Por que aqui no rio ainda fora de estação,

esticando as pernas e movendo o punho,
prolongando em dez, cem vezes
o mecanismo do macho que se liberta,
enquanto eu poderia obtê-lo de imediato
se apertasse só um pouco mais?

Justamente porque é festa.
E em protesto quero morrer de humilhação.
Quero que me encontrem morto com o sexo para fora,
com as calças manchadas de sêmen branco, entre
o sorgo lacado de um líquido cor de sangue.
Estou convencido de que mesmo os atos extremos
dos quais só eu, ator, sou testemunha,
em um rio a que ninguém frequenta —
terão tido ao final um sentido.

Cantem as canções do nosso folclore,
jovens que têm pudor de si mesmos,
exemplos viris que reproduzem os pais.
Com toda sua cristandade boêmia!
Cantem, cantem na profunda paz
camponesa, nada
no fundo se contradiz na província!
Esta é a minha esperança — a minha previsão:
como não tem fim a dor dentro de mim,
que o mundo ao meu redor também não tenha fim.
Se a minha dor vergonhosa não pode ser modificada,
que encontre seu lugar em um mundo imodificável.

Reconheço as autoridades de vocês e as respeito.
Amo e quero me fazer amar por todos, do prefeito ao padre.

Sou um pequeno-burguês
com um pequeno mundo camponês infinito.

Desde que foi feita a primeira semeadura
nada mudou.

Eu amo os Deuses das Árvores, e Cristo, pelo seu sangue,
assim como vocês,
ou melhor, eu revivo sua condenação por vocês,
porque eu sangro, pelo pau e pelo coração,
enquanto vocês pertencem à espécie
daqueles que se põem aos pés da cruz.

Então me masturbei a tarde toda
decidido a morrer sobre esse mato amarelado,
à vista de um rio que espera o verão.
Enquanto sei que para além do cheiro sutil de jantar
se prepara uma noite de domingo, e eu terei
ainda de vivê-la, estar lá, fazer as honras.
Tenho as mãos com o gosto do meu esperma pegajoso
pela juventude que torna pais de filhos coetâneos:
pois "todos os homens carregam um germe profundo"
mas ai de mim quando me aproximo da beleza,
não sinto "descer sobre mim paz e serenidade"!
O "desejo imenso de dar luz àquele germe
e de gerar" se transforma em mim
vontade de estar coberto de vergonha.

coro

Nós não sabemos nada do que Jan proclama.
O mundo não pode ter surpresas;
nós, antes de nos escandalizarmos, não podemos
prever o escândalo. Se ele está assustado
e se esconde a pecar
entre os arbustos do rio
distante do vilarejo
(onde os cantos dos nossos rapazes, seus companheiros,
e o som dos sinos das vésperas de festa
mal são ouvidos), o que podemos saber sobre ele?
Nós sempre esperamos o bem!

jan

Quem um dia poderia esperar
que o mistério
a necessária distância do que é o amor
por um rapaz estivessem tão próximos de mim?

Dentro da minha própria casa?
No cheiro do jantar?
Nos longos silêncios de depois do jantar
da cidadezinha do campo
onde viveram meu pai e minha mãe?

Um rostinho doce e cristão,
a gatinha de uma fábula, talvez:
e duas mãos macias de berço;
com pupilas castanhas como as minhas.

Quantas sainhas, dela, aos meus olhos
foram familiares,
saindo aos poucos
do sonho lúcido e imortal da infância.
Quantos de seus sapatinhos conheci
espalhados pelos vários lugares, os mais frequentados
do longo sonho doméstico, aquele
que se encontra como em uma ilha
única e deserta do mundo? Minha
infância nunca foi cega!

coro

Sim, confirmamos, eram dois
jovens como todos os outros;
como os nossos; os de sua classe social
e os mais pobres — que quando pequenos
na escola se misturam entre eles,
mesmo que os mais pobres fossem, naquele tempo,
ou os mais audaciosos ou os mais tímidos.

jan

Eu sabia que ela era minha única súdita,
e fingia não perceber que seus cabelos
— vergonhosamente loiros e abundantes —
— com o vergonhoso laço ao redor da cabeça —
não eram de um menino!
E por mais que morena e arranhada
sua pele era a de uma gatinha!
Por toda a infância

tive aqueles olhos castanhos sobre mim;
eu poderia tê-la condenado à morte,
ela não teria protestado, pronta
para cumprir seu humilde dever de morrer.

coro

A mãe enlouqueceu por uma misteriosa dor;
e o pai continuou, como homem, a trabalhar.
Nunca lhes faltou nada.
E não só era a família mais rica da cidade,
mas a mais digna de estima dos cidadãos
como — por enquanto — nós somos.

jan

Aqui ninguém me vê, mas no meu desejo
é como se todos me vissem: com o punho
que ainda aperta a carne quente
que o vento da tarde roça com sua frescura,
quando já seria hora — e como seria hora! —
de as calças a cobrirem, bem fechadas.
Mas eu não. Não só não obedeço
a esse dever de paz elementar e comovente,
como, é hora de dizer, tomei uma decisão
que mudará a minha vida.
Permanecerei assim, descoberto, com o branco
da camiseta sobre o ventre suado como no verão,
e uma desordenada fresta nessas negligentes
calças de jovem, ainda desabotoadas,
e por onde desponta o pau adulto, mas nu
como o de um menino.
Permanecerei assim seja lá quem venha e me veja.

EPISÓDIO II

Semice

coro

Claro, repitamos, nada está mais distante de nós
do que a ideia de ter de mudar! (E mesmo assim, claro,
[mudaremos.)
Os Anos Trinta chegam ao fim.
A Boêmia está cheia de trigo ainda verde.
Praga vive a glória da geminação
com Paris, no ouro das cúpulas sobre águas cinzas.
A Hungria está sob um regime de ferro
depois de ter dado a Lênin efêmeras esperanças.
Para além dos Cárpatos, os Bálcãs sonham
a eternidade de seus vilarejos de madeira
nas largas ruas com dois palmos de poeira
por onde passa algum antigo cavalo.
Os eslovacos se exaltam com seu folclore; e nós
não fazemos muito para sermos menos;
as capitais da Europa estão no ponto do esplendor
depois do qual começa a agonia, mas aqui embaixo
seu esplendor tem a frescura da madrugada.
Na Alemanha nossos irmãos mais velhos
preparam grandes novidades: ouvem-se soar
por todos os nossos campos
as oficinas de Dresden e Nurembergue.

Paz! Paz!
A festa da primavera, tão limpa,
nos une aos pais, e o domingo cristão
nos coloca no coração, mesmo que silencioso, do mundo.

jan

Quero ser poeta e não distingo
essa decisão
dos cheiros escuros da cozinha
na hora invernal que antecede o jantar
(e faz tanto mal — um mal para sempre inexplicável —
ao coração das crianças).
....
Não a distingo do silêncio do celeiro
dos quartos suspensos nas noites em que os filhos
ficam sós com todo o céu adiante.
....
Não a distingo dos telhados e das andorinhas
que com as mãos perfumadas pela madeira do lápis
eu e ela olhávamos pelas janelas, ao nascer do sol.
Minha decisão de ser poeta está lá.
A decisão pela qual fui Rei duas vezes.
Poeta do quê?
Do meu sexo e da minha cidade.
Do meu sexo quente que conhece o frescor do ar;
da minha cidade povoada como um poema
em versos breves
de cantos populares.

Destinado à santidade — não, não desejada,
com sua repugnante abstinência
— e segurando meu pau apertado na mão —
eu quero me juntar ao povo que adora os castos.

Estarei com a minha gente;
acolherei, com piedade, seus ódios
— os ódios que nem são seus,
mas aqueles que os patrões lhe ensinam —
odiarei os hereges de todas as espécies,

e as nações comunistas — mas de um ódio
iluminado, pelo qual eu poderia estar pronto para morrer
(com doçura, como devem fazer os jovens santos!)
e, junto aos seus ódios, acolherei e farei meus
seus hábitos de vida, suas ideias sobre o bem
nomeado com nomes
de quem não sabe nem suspeita de Outro Bem,
ou qualquer coisa que seja Diferente:
os nomes falsos de cada Estado e cada Religião!
Mas eu, eu estarei nos lugares das nascentes
daquele Estado e daquela Religião!
Nas nascentes onde bebem os Cruzados
e dão de beber a seus cavalos!
Serei — e sou — poeta de cajados
docemente rajados de sangue
em contraste com o amarelo esmaecido dos juncos
e a fumaça azulada das fendas do velho rio.
Traduzirei em palavras extremas
também os atos dos costumes sobreviventes,
com seus retalhos de antigas línguas bárbaras
perdidas nas eras mágicas, ou os restos
do sudeto, língua de liturgias
somente boêmias —
celebrarei um matrimônio, ornamentado por humildes anêmonas,
entre Rimbaud e Janáček — uma velha camponesa
esculpida em madeira de altar, hussita, adorada
com os olhos oblíquos, cartesianos de Kupka —
protegerá meus versos, e com ela seus filhos
que correm em direção ao futuro mordendo alegres as rédeas.
E suas meninas também,
aquelas que não me dizem respeito,
com suas auréolas, e as mãos vermelhas que fazem chorar.

Os brasões do céu
serão violetas e íris,
com alguns dentes-de-leão, e algumas ramas de morango.
Meu escudo será branco
com o retrato de Cristo,

coroado com essas flores,
filho de uma Boêmia e um Turco.
Vermelho sobre branco. E nas bordas do escudo, groselhas.
Ah, repito!
Tenho que devolver um mar de bem aos homens
por cada gota de mal que faço existindo.
Serei um modelo, não um rebelde!
Exaltarei minha nação lá onde é mais nação.
E, se eu não for fascista, não serei
só porque sou cristão. A luz
de certeza de meu olho de Cruzado
provém de conhecer os cantos mais secretos
da minha cidade, casebres, canais, curvas do rio:
e, ao mesmo tempo, da ideia comum, minha e do meu povo
— tão profunda a ponto de ser em nós silêncio —
de que toda instituição é justa.
Disso serei modelo, também vândalo.
Estou pronto para morrer por quem vence.

Entram a Penumbra e, uma a uma, as outras personagens.

a penumbra Me espalho pelas tocas;
e lá onde cabanas
foram, e agora casas,
geada com as campanas.

o sentido da penumbra Por quem desce? Por rico
que sofre, ou por pobre
que não se alegra? Nada,
portanto, que se move.

caronte Aproximo meu barco
do cacume: e Bismantova
entoa velhos cantos
que lhe ensina um bárbaro.

o mundo camponês Ele sabe que existo;
venera o que é meu *quia*

busca o perdão por isso
com santa hipocrisia.

o ante litteram Se ora dá seu amor
populista pros pobres,
é porque é fascista;
mas o mesmo amor

populista dará
se calhar comunista:
porque a verdade cá
é ambígua, não mista.

bisontes Esperamos em sonhos
sobre uma montanha
com o cume nevado.
Talvez lá na Bretanha.

burocratas As estradas são duas:
logo, duas escalas
de valores: burguês
deve sempre pagar
a culpa lá na sala
de qualquer forma: a que ele vive
é só sua história,
mesmo que aspire à outra.

um tolerante Não basta, infeliz,
que tenha sido alvo
de um ódio racista
(porque — como se diz? —
tem sentido outro o sexo
para ele, que o torna deplorável)
será considerado
um racista assim mesmo!

ratos e moscas Na Boêmia, em 30,
uma miséria escura

paira como uma nuvem
sobre a cozinha extinta.

rãs O suspiro que trema
nas noites abafadas
reafirmará que a vida
dos pobres é um poema.

outros burocratas heterodoxos Você se revolta contra
a sua sociedade
e da sua invocação
ela não terá piedade.

Por isso agora aceita
a ordem fascista:
e quando se opuser,
será um extremista.

burocratas ortodoxos Por você, com seu Humanismo
e a sua função
de nova guia ao homem,
esperamos tranquilos.

Proletarização
e reciclagem técnica,
não prevê o marxista
de velha formação!

a violeta Que cinzentos invernos,
punição para as almas,
prepara os meus dois dias
suavemente eternos!

a íris No canto mais escuro
do jardim, junto ao figo,
e da bomba, em preto,
nasce o úmido Rito.

o amolador Na manhã há uma brancura
que ao meio-dia é de ouro,
nada ali nos espera:
meu nariz de borracha

e minha bicicleta
(com o meu grito) fazem
de todo o tempo
uma noite violeta.

madeira A posse alheia
objetiva e vetada
à consciência cheira
nos armazéns escuros.

farmacêutico Vermelho vespertino
de uma nova estação
não se engane: é livre,
mas dentro da prisão.

merceeiro Não se iluda com o lume
do sol rasante
na cidade: tem a força
de um Faust de pluma.

o destino Pesará no seu peito
para sempre a luz
das vésperas da cidade
do norte, o sol a leito.

uma mãe É uma dor de chumbo
que nas suas vísceras
coagula o sangue em forma
de arbustos ou de pombo.

terceiros burocratas heterodoxos Não sabe, mas de você
no futuro já falam

Schumpeter e Kornhauser,
Mannheim, Hoffer, van Mises,

De Jouvenel e Shils[27]
e os raivosos de sempre
fiéis provincianos
mais realistas que o rei.

o ano de 1938 Conhece o Presbitero
Michelin e Brill,[28]
mas não o livre
liberal Stuart Mill.[29]

Então o que espera
para encher com a lua
que já nasce, esta
sua futura lacuna?

os corvos do destino Veblen[30] — como uma febre
que faz querer a morte —
dirá que é um caso
em que a vida é lepra.

o humanismo Há em você o terror.
Mas crê que é devido
ao lume da agonia
das vésperas sobre o seu sexo.
Na verdade, é previsão
não de noites ou invernos

27 Joseph Alois Schumpeter (1883-1950), economista, foi ministro da Economia da Áustria e presidente do Bierdermann Bank. Em 1932, refugiou-se nos Estados Unidos. Arthur Kornhauser (1896-1990), psoicólogo estadunidense, foi pioneiro em "psicologia industrial". Karl Mannheim (1893-1947), sociólogo germânico, deixou a Alemanha em 1933 e passou a viver em Londres. Eric Hoffer (1902-1983), filósofo, crítico social e escritor estadunidense. Ludwig van Mises (1881-1973), economista teórico austríaco, emigrou em 1940 para os Estados Unidos. Bertrand de Jouvenel (1903-1987), filósofo social e teórico político austríaco com nacionalidade estadunidense. Edward Shils (1910-1995), estudioso do pensamento social estadunidense.

28 Presbitero é uma marca de lápis, Michelin, de pneus e Brill, um produto para lustrar calçados.

29 John Stuart Mill (1806-1873), filósofo, economista e político inglês.

30 Thorstein Veblen (1857-1929), economista e sociólogo estadunidense.

glaciais: mas do sentido
verdadeiro de si mesmo.

um sociólogo

Da sua condição
econômica, faz
(o nascer é tudo)
sombra das fezes

e esplendor das prímulas.
Infâmia e glória:
os excessos são bens
que nenhum fisco estima.

A realidade é que vive
a fatia da existência
a que a divisão
do trabalho dá anuência.

schumpeter

Ah, virtuoso desprezo
dos intelectuais
contra o capital!
Ah, descontento e rancor
posicionamento típico
do espectador
intelectual
com homens e classes!

kornhauser

Os intelectuais
inventam apelos
milenaristas
só para compensar
o seu pessoal
sentimento de perda
de função social
e de pertencimento
ao mundo de massa.

mannheim O ascetismo fanático
do intelectual
é a compensação de uma
mais fundamental
integração
com seu mundo social.

hoffer O intelectual
que protesta tende a fazer
de si mesmo um modelo
de humilhados e ofendidos:
na realidade, o protesto
que o anima é sempre
um anseio privado
de reconhecimento.

van mises A sua apaixonada
antipatia contra
o capitalismo
é apenas um pretexto
para cobrir o ódio
por colegas
de maior sucesso.

de jouvenel A sua raiva
radical se deve
ao seu ser mais fraco:
não somente, de fato,
a intelligentsia
desceu alguns graus,
mas o sucesso privado
se deve à aprecia-
ção de um público
que a intelligentsia
em si desprezaria.

veblen Ele se vangloria da
diferenciação

social, às custas
e contra os incultos.
O humanismo tem
os mesmos hábitos
da grande propriedade.

o ar úmido

Há uma estranha ligação
entre o frio e a virtude:
a hera fica gelada
nos muros desbotados

não tem escapatória, é noite.
A campana adverte.
Toda família está sozinha.
Restam os prazeres,

talvez, de depois do jantar.
Ou vai para a cama e morre
de dor, ou vive
a casta escravidão.

o crepúsculo

Casa, casa! Congela
o escuro transparente
nas ruas já desertas.
Atrás, no campo escuro,

já é noite. Na cidade
prévias luzes cansadas
estão acesas há tempos.
Um grão-carro de feno

ainda pela rua,
sombra de mortas fábulas
evangélicas, escritas
na língua de Babel.

EPISÓDIO III

Casa de Semice

jan

É então a hora em que o sol abandona a casa,
e nós, por outro lado, retornamos, e não tem ninguém,
para onde foram?, resta um trapo, incerto,
no espaldar da cadeira manca há anos.
Se você já sangra,
como a pobre bacia,
no declínio do dia
e de tudo o que acaba, miserável cadáver
de menino ou menina —
a que reduzirá teus ossinhos
já roídos pela peste
a aparição, pela casa,
anunciada por um malvado rumor de chinelos,
da velha criada,
que aliás é a única que tem algo de humano?
Mas sempre foi você ao meu lado,
nesses interiores recém-abandonados pelo sol
e já frios dos mais frios crepúsculos de inverno.
Sempre foi você, sofrendo à minha sombra;
sofrendo através de mim,
porque você, não destinada a ser poeta,
e portanto com o coração tranquilo dos justos,

se preparava para o triste depois do jantar doméstico,
— e talvez para as broncas —
com a grande coragem de quem é humilde.

Entra a irmã.

irmã Karel veio procurar por você,
disse que voltaria.

Sai.

jan E ela, a mãe. Lá está ela, ao lado da estufa.
O poeta de sete anos, com a admiradora de cinco
atrás dele, sempre a viram do mesmo jeito.

mãe A neve tem cheiro de mijo, são vocês que fedem,
porcos Judeus! Mas Hitler está passando gel nos cabelos.

jan Na boca sem dentes, os lábios se retraem
e desaparecem, dando ao seu rosto uma
curiosa expressão rabugenta. Os cabelos também,
por causa da gola
levantada caem em tufos
desordenados, curiosamente boêmios, brancos
sobre a pele avermelhada tanto pelo vinho como pela febre.
Você finge, curvada, resignação e paciência.
A chama que por dentro consome
parece cegar por fora, na parede
da estufa, para onde você está virada
de costas para o mundo. Mãe embriagada
como um velho general aposentado,
vemos, você está em greve.
Não há um milímetro do seu corpo
cheio de vinho como uma privada de merda
que não torne isso bem evidente. Pequena
como se estivesse há anos doente de câncer,
você espalha ao redor
o seu silêncio alcoólico

como um morto o seu fedor.
O que quer dizer curvada sobre a
estufa, numa imobilidade onde
domina a febre? As nossas culpas.
Não temos a menor dúvida disso.
E se o olho remelento por baixo
da pálpebra tem um brilho involuntário, que fica
colado no ar, o que significa aquela
pupila sem água? O seu ódio. Mas você tem,
ao nos fazer entender isso,
a habilidade exagerada de um velho ator.
Se aí você se curva de novo, depois daquela
expressão significativa, é para dizer,
com habilidade não menor, ou melhor, com eficácia excruciante,
que se, odiando, se cala,
é porque é vítima
do terrível mal dos loucos
que têm o fígado em gangrena.
Você usa o mesmo vestido há três invernos,
desde 1935, e está duro
pelo pó seco no frio,
como o sobretudo de um soldado em fuga,
adormecido na lama.
Em você se completa o significado da vida.
De dentro desta casa no campo
pequeno-burguesa, através da sua embriaguez
louca de ódio, se interpreta o mundo.
A visão de Filla se torna idílica, e Kubišta,
Procházka, Beneš e os outros Quatro[31]
parecem monstros de otimismo; ninguém
jamais poderia retratar
a sua horrenda Desilusão
e a sua Ilusão de Direita;
suas costas verde-acinzentadas na
estufa avermelhada, e as vísceras que espalham
doença e condenação
do mundo de porcos que não quer ser salvo!

31 Alusão ao Grupo dos Oito, criado em Praga em 1906, por pintores que tinham como objetivo renovar a arte tcheca.

Entra o pai.

pai Estou cansado... É cedo, mas
vou dormir, boa noite, Jan.

Sai.

jan Vai descansar, pai, boa noite! O meu
futuro é maravilhoso!
Oh jovem Dylan Thomas, ou velho Machado
perseguidor da sua Alma, ao longo das margens do Douro!
Kavafis sonhado pelos Bárbaros! Apollinaire libertino
entre os morteiros, santo entre as cocotes! E você,
que enquanto morre em Marselha grita de medo, desmentindo
assim Sócrates com quem tanto se parece...
Vocês estarão com Kafka, meu conterrâneo,
e minha metade de sangue judeu,
os meus protetores: melhor ainda se desconhecidos.
Me sentirei muito mais orgulhoso da amizade de vocês,
variante rústica e quase oriental
aqui onde se conhece o meu Coração Diabólico.

Por quê? O que estou pensando e planejando?
O que farei à sombra desses Deuses europeus,
sinais de informação desesperada e fraternidade
eletiva?

Ah, eu não sou o responsável por isso!
A minha imoralidade é justificada por Eles.

Entra Karel.

karel Jan! As tropas alemãs cruzaram a fronteira
e estão marchando em direção a Praga

EPISÓDIO IV

Montanhas

jan

Uma noite ele veio até mim
para dar a notícia de que tinha estourado a guerra.
Ainda sou alguém
que, por puro amor estético
e sensualidade incestuosa,
considera a morte de um indivíduo
intolerável, incompreensível e idêntica
à morte de toda a humanidade.
Mas ele? Ele, filho de camponeses?
Os Kotěra, raça de meeiros ou arrendatários,
com seu topete, que, me dou conta agora,
era alegremente loiro, embora tendesse para castanho,
ele, uma das mil bandeiras
que tremulavam a festa, um dos mil carvalhos
firmes ao sol nos dias de trabalho?
Aqui está ele, veterano de um enforcamento.
Testemunha eloquente, diria Shakespeare,
com seu silêncio quase irônico. E canta
o primeiro rouxinol da primavera de 44.
Virá a primavera de 45, como
uma aurora esquecida sobre o mundo,
e ele a teria ignorado. É este o escândalo.

Há uma bandeira sobre ele, vermelha como a aurora.
Basta? Basta-lhe para ir
em paz, dever cumprido?
O pranto dos irmãos meeiros
se extinguirá dentro dele,
porque não se ousa chorar muito por um mártir pobre.

novomeský Nos deixem levar embora este corpo,
vamos enterrá-lo no bosque.

Saem os partigianos.

espírito de karel Eu fico, porque preciso falar com você.

jan ....

espírito de karel Só uma mensagem, e depois
vou embora para sempre.

jan ....

espírito de karel Não, não, depois vou embora para sempre,
o diabo me espera dentro do bosque.
Ele sabe aonde vamos;
tem em mente um longo caminho
que leva os jovens ao inferno.

jan ....

espírito de karel Tenho notícias do seu pai.

jan ....

espírito de karel O trem estava parado no meio do campo.
Lá no fundo do campo, além do canto das cigarras,
ouviam-se fortes rumores, como trovões
sem relâmpagos, que saíam da crosta da terra;

contínuos, e lançavam uma sombra de silêncio
sobre os poucos álamos em fila ao longo do rio.
No trem parado, a carne que estava dentro
começou a feder;
não havia vagão que não estivesse cheio de carne,
carne humana, companheiro, ainda viva.
Parte dessa carne, que ainda tinha
a forma de um velho corpo,
um judeu de Kladno perdeu a vida num suspiro,
e com as calças cheias de excrementos
caiu sobre seu pai. Seu pai estava estendido
no piso do vagão queimado de sol,
e não podia se mover, porque não tinha forças.
Logo que cessaram os breves trovões ao longe no campo
— e um cheiro de menta se espalhou pelo ar queimado —
o trem se moveu. E então um outro pedaço de carne
perdeu a vida, com um leve suspiro.
Dessa vez o pedaço de carne tinha o nome de Anna,
a judia gorda que vendia flores em Semice;
ela caiu sobre o judeu morto ressecado de Kladno,
já completamente imerso em sua conversa com o eterno.
E ambos, como dois sacos pesados, estavam sobre seu pai
que não podia se mexer. Antes que o trem chegasse
lá, de onde vinham os estouros
e o perfume forte de menta queimada,
sem se dar conta, ele expirou.
Mas de quanta dor ele teve, antes disso, consciência!
Tente reconstruir, você que é capaz,
sua agonia nas proximidades da estação de Landshut:
bem pouco pode dizer o filho de um arrendatário
dos sentimentos de seu patrão, por mais amado que fosse.

jan ....

espírito de karel Em um outro trem
sua mãe chegou em um vilarejo da Baviera.
Desceu, e foi posta em fila com outras mulheres.
Estava vestida com o uniforme velho de um soldado.

A fila andou pelo ar amarelado
suspenso sobre a neve (tinha passado um ano)
entre fileiras de arame farpado preto: um "efeito"
contra o branco, como nos filmes do Chaplin,
aqueles filmes antigos, quase despedaçados, de que tanto
você gostava. Ela também, na verdade,
parecia uma personagem do Chaplin.
Um guerreiro pequeno-burguês
com sua bela cabeleira loira,
deu um empurrão, ela caiu sobre os arames,
e ali ficou para sempre, com braços e pernas abertos
como uma barata esmagada.

jan ....

espírito de karel Finalmente trago também saudações... de minha irmã...
sua irmã de leite... que você tentou
seduzir, eu sei. Ela ficou em Semice,
e lá faz com os alemães o que não fez com você.
Faz amor com todos, acredito que por fome... se não for uma
[desculpa,
enquanto na verdade é o resultado inevitável
da vontade de uma coisa que é só de macho,
que você lhe apresentou.

jan ....

espírito de karel Bom. Eu... nunca vi o mar.
A cor eu sei que é azul,
mas nunca senti seu cheiro: este vento
tem cheiro de mar, não é?
O céu não tem limites, e sobre esses bosques
pode se desencadear do nada um vento marinho,
para ir morrer além da Boêmia,
em outros mares, aqueles com que sonham
os emigrantes antes de partir.
Adeus, o deixo nesses bosques agitados,
conscientes do meu enforcamento. Você sabe
que os emigrantes jovens não retornam.

Sai; entram Novomeský e os partigianos com a maca vazia.

novomeský Veja só: Karel jaz em seu pedacinho de terra,
sob o musgo, onde crescerão flores de bosque.
Um dia voltaremos para desenterrá-lo,
e levá-lo com os outros
ao monumento que será construído para eles.

jan ....

novomeský Sobre a lembrança do rosto branco de um enforcado
construiremos o nosso verdadeiro país.

jan ....

novomeský A dor é um bem precioso.
Será gasta um pouco por vez.

Vamos gastá-la
como os pobres gastam sua renda.

jan ....

novomeský Sim, porque os pobres são o nosso modelo:
e como eles não possuem bens preciosos
sabem conservar o dinheiro, mas não a dor.
Eles gastam a dor toda de uma vez:
e é tanta, tanta, como a vida deles!

jan ....

novomeský Daremos a eles o nosso dinheiro
e os bens da nossa produção:
e, em troca, tomaremos sua dor
para gastar, como burgueses econômicos, um pouco por vez.
Mas, o dinheiro e os bens — ideais
tão caros a nós, burgueses — não serão

dinheiro e bens. Serão graça,
e sentimento que nasce do coração,
do coração de cada um.

jan Ao que parece, há aqui um guia que tem em mente
— por trás de seu sorriso desdentado e humano,
e do suor da cabeça calva de intelectual —
os longos caminhos que levam os jovens à história.

novomeský Boa noite, companheiros.

jan Boa noite, conhecedor da dor,
com dois olhos azuis como dois saquinhos transparentes,
onde guarda essa dor zelosamente
e com serenidade. Boa noite,
mesmo que eu não consiga dormir,
porque meu coração está ferido por uma ideia.

EPISÓDIO V
(continuação)

Montanhas

jan Uma ideia de estilo: um estilo!
Plantada no coração
até onde vibram as cordas mais secretas
da minha harpa tcheca.
É uma ideia sobre o vermelho.

O vermelho! O vermelho desta bandeira
que serviu para envolver o corpo de Karel.

Antes de mais nada, *quero me afastar*.
E quanta consciência eu tenho disso!
Em 1907, os Impressionistas;
em 1910, os Independentes;
os Cubistas em 1913. Em Praga!

Não longe de Praga,
eu nasci dez anos depois da última mostra
— vocês dirão. Sim, é verdade. Mas tenho fome
da minha história pré-natal, eu.
O que significa ter vinte anos
senão amar poucos mestres e odiar muitos?
Que alegria! Eu tive mestres contemporâneos.

Beijei Maiakovski na boca,
tinha gosto de cigarro barato,
e um topete preto como um vândalo —
um carvoeiro por quem as meninas ricas se apaixonam.
Por que os poetas amaram tanto os pintores,
nos dez anos antes de eu nascer? E ainda se amavam
tanto quando eu tinha dez anos,
inebriado pelo cheiro seco do gesso
e dos poetas clássicos, incapaz de fazer
um único esboço de figuras humanas e fábricas?
Ah, mas depois vieram os vinte anos!
E eu também amei os pintores. E falei o Zaum:[32]
eu teria matado todos os professores da Universidade de Praga
por um único verso de Rimbaud no qual o futurismo
russo prefigurado já causava escândalo —
além de tudo, também por sua consciência de si.
Porque chegou 15 e o Círculo Linguístico de Moscou![33]
e 16! Com o Opoiaz[34] em Petersburgo!
Faltavam sete anos para o meu nascimento.
E em 23, quando nasci, Jakobson publicou
com um grito de alegria que ainda ressoa no meu coração:
O verso tcheco em relação ao verso russo,
o verso tcheco em relação ao verso russo,
o verso tcheco em relação ao verso russo!
E esquecerei por acaso o Chklóvski?
Lembro dele com o colete amarelo de Maiakovski,
cometendo um erro óptico: assim vou me afastar,
como um surrealista, enfim, do vermelho desta bandeira,
que terá então outro vermelho. Digo
surrealista, porque o futurismo foi para mim pré-natal.
Como os heróis homéricos.
A pintura porém entrou na minha vida,
e não era a pintura surrealista;

32 Boris Eikhenbaum (1886-1959), crítico literário e um dos principais representantes do formalismo russo, define o Zaum como uma "linguagem cujas unidades são significantes enquanto combinações arbitrárias de sons, e não fazem parte portanto da semântica das línguas naturais."

33 Fundado em 1915 por estudantes da Universidade de Moscou, presidido no seu início pelo jovem Roman Jakobson (1896-1982), importante linguista russo do século XX. O Círculo tinha como interesse maior a linguagem poética.

34 Acrônimo que dava título ao grupo dos primeiros formalistas russos, formado em 1916, em São Petersburgo, para o estudo da linguagem poética.

mas a cubista; e esta ainda guardo no coração.
Me sentei nas escadas da igreja de São Nicolau
e lá fiquei deliberadamente debaixo da chuva:
tomar chuva com a cabeça descoberta
em um dia de outono avançado, em Praga!
Ao lado uma garrafa de vinho,
e dois amigos — agora esquecidos —
no dia do meu aniversário!
Do que conversávamos? De literatura.
Trocávamos nossas técnicas vivas, de jovens,
com as do circo, do cinema e do teatro.
Ah, meu Deus, levar no bolso Rimbaud, sim, ainda Rimbaud,
e ao lado, nas trevas de uma chuva desoladora,
as sombras de Eisenstein, Buster Keaton
e as notas de jazz da América dos gângsters! Ah!
Eu tinha em mente um roteiro
com ilustrações a lápis, embora meu sobrenome
não terminasse em -ovski! Mas estava bêbado.
E talvez agora que tenho vinte e quatro anos
possa até dizer, meu topete dos vinte anos
era digno dos pais mestres e coetâneos;
e minhas calças cinzas assustavam as garotas.

Mas eu era generoso demais
e pensava na sociedade.

Isso aconteceu no primeiro ano de guerra.

Oh, a minha vida é a de um bêbado
cheia de luzes e sombras incompreensíveis — e incoerentes.
Frequentemente aconteceu antes o que veio depois.
De fato...
durante minha juventude, Léger desbotado como blue-jeans,
e Bonnard, azul-marinho sensualidade meridiana,
e Man Ray de cor não matérica, feitos de maté-
ria (e muitos, muitos outros)
atrasaram a minha Cultura
fixando-a no ponto máximo de sua luminosidade.

Quanto a esse vermelho,
não cheguei portanto a ele por etapas,
mas de atraso a adiantamento, com um voo.
Como pode ser facilmente corrigido
um gosto cubista ou tardo-impressionista
pelo amor às fábulas populares!
Como posso facilmente passar (é
inacreditável!)
do Zaum ao dialeto,
e depois dele ao tcheco, por tradução literal:
para cantar esse vermelho
com a inocência de um poeta
e a inocência de um operário.

voz de um camponês O sopro dos ursos
embaça o ouro na Igreja,
e esquenta os sexos jovens
nos bosques com húmus.

Os caminhos que levam
ao Inferno e à História
cheios de pestes frescas
aqui ao redor se cruzam.

Quem vai e quem vem,
vento sobre bosques altos,
claridade no céu —
dormem os Apóstolos.

jan Continuarei, companheiros adormecidos,
a falar sozinho, um monólogo para a posteridade!
Porque, no final das contas, agora que vocês dormem,
e me escutam em sonho — ausentes como animais,
devo dizer, devo francamente dizer,
que estou em ereção ou quase. Este
quente e intenso opróbio, feito de carne,
da carne do sexo, não pode se perder
da minha fantasia que tem seus modelos na Cultura.

As rústicas calças que um rico burguês
vestiu, para lutar em miséria
uma guerra que torna castos,
quanto e o que dá, este inchaço de animal
de vinte e quatro anos à minha inteligência?
De qualquer modo, dos vinte aos vinte e quatro anos,
saibam, vocês companheiros dormentes —
tão enigmaticamente continentes e capazes de pudor —
um coração mudou de caráter.
Maiakovski já tem a idade de meu pai;
o seu jogo está feito; com o LEF;[35]
leio sobre ele e sobre seus companheiros em páginas
amareladas, até porque impressas em gráficas pobres.
Ali encontro a verdade e o fanatismo. Mas em 38
quando eu tinha a idade
dos rapazes que falam de literatura pela primeira vez,
os contemporâneos já eram diferentes. Alguns pais
se matam com a espada, outros amando mais os jovens
em seu lugar — com delicada traição
da qual nem eles nem nós temos culpa:
os pais se vão, assim, para a tumba
sem sangrar, mas com seus heroicos livros nas mãos.
Adeus, meus primeiros poetas!
Meus pais amados como irmãos!
Eu os traí com Joyce, sem amá-lo,
e com Eliot, sem amá-lo também;
Mallarmé e Pound lançaram um pouco de sombra sobre
[Rimbaud.
Mas agora! Entre os irmãos amados e os irmãos lidos
os primeiros aos poucos estão voltando a rejuvenescer;
uma época heroica só pode se parecer
com outra época heroica! Um pequeno monte cheio de
[bosques
na província profunda torna agora decrépita Paris.
Mas eu não esqueço nada: e tudo ressoa em mim
como a vontade do meu sexo. Sim,
ao cantar o vermelho,

35 Acrônimo do movimento fundado por Maiakovski em 1923 e também nome da revista dirigida pelo poeta russo.

sob os dois dedos de espessura
do meu caráter de primogênito forte e neurótico,
se abrirão abismos de experiência; e a imensidão
popular desse vermelho
será ditada nos hexassílabos de Verlaine.

novomeský É, Jan,
você bem sabe que, entre nós, é o único
destinado com certeza a não morrer...

jan ....

novomeský Sim, no seu futuro, eu vejo luz
e juventude (mesmo com tanta dor necessária);
no meu, vejo sombra. Um cinza sinistro.
E não será apenas o cinza da vida cotidiana.

jan ....

novomeský Porque talvez eu não tenha
a sua reserva de certeza, mesmo na dúvida,
a sua voracidade
que inverte as situações
tornando vitais também o erro e a crise;
não tenho a sua prepotência,
e a sua doçura assassina...

jovem partigiano (*cantando ao violão*)
Por quem o trigo cresce?
Por quem canta e grita
ao violão a pira
de um futuro suicida.

A liberdade tem germe
de dores pelo corpo
de quem não poderá
se fazer partigiano.

O trigo cresce
pelo exército vermelho
que desce do Leste
na pouca planície.

Por quem o trigo cresce?
Por quem morreu e não sabe
que muitas vezes
morre a liberdade.

O trigo é a bandeira
que tremula a manhã
enquanto nos montes
é noite sem beira.

O trigo cobre Praga
as igrejas e os palácios
fertilizado pelo sábio
coração de nós jovens.

E o trigo é vermelho
em Sessenta e Oito
e o trigo é vermelho
no nosso corpo morto.

O trigo crescerá
sobre a nossa vitória
e a verdadeira história
o dissecará.

jan

Sem dúvida esta é uma noite
não destinada a ser dormida;
nos acomuna na insônia a necessidade
de esperar, e o dever de esperar.
Quem não tem esperança é um proscrito,
leu mal
Lênin, se for um intelectual;

se for um operário é um modelo imperfeito.
Estamos agitados
pelo pesadelo da esperança!

novomeský Não, tenho outra interpretação
para dar, sobre a nossa insônia de partigianos.
Você é jovem,
ainda não terminou a faculdade; tudo bem,
já sabe mais do que eu, que sou um poeta formado
na barbárica Eslováquia, país retrógrado,
não industrializado,
e mais distante da Escola Linguística de Praga
que do Partenon. Porém, se posso imitá-lo, seus azuis da Prússia
ou seus cinzas cortantes,
eu os respirei no ar,
com os traços de lápis de Eisenstein, e os enquadramentos
das primeiras fábricas, decomposições
com manchas amarelas de anilina sobre branco e preto...
— em você a culpa não termina onde nasce o mérito,
— o desejo de expiação
é uma velha coisa católica bem conhecida também na Bratislava,
— a chantagem da esperança
(que você faz bem em chamar de vândala)
é digna de um coro de beócios;
mas você leu Marx só nos olhos
desses seus companheiros, e adivinhou Lênin
nas minhas palavras de poeta mais amado (quase
por ternura, pelos poucos anos que tenho a mais)
do que admirado. E já se diz marxista-leninista!
Mas a verdade
é que a divindade
para a qual adoração
esta noite nós despertamos,
abalados bruscamente por um trágico sentimento de esperança,
é Stalin: Stalin, a estrela da manhã,
enquanto a estrela da noite, a de Hitler,
nem pai nem irmão nem macho nem fêmea
nem velho nem coetâneo — um Nada Vingador

que a Burguesia invocou para destruir a si mesma —
está agora se pondo...
É entre o nascimento e o pôr-se
dessas duas estrelas
que estamos aqui crendo que raciocinamos
enquanto somos apostas da história futura.

EPISÓDIO VI

Praga

coro

Aparecemos pela primeira vez na forma legalista
de camponeses e pequeno-burgueses;
depois aparecemos transformados em partigianos.
Agora aqui estamos completamente novos.
Estamos nos dias em que parece que quem entre nós
é camponês ou pequeno-burguês se esvaiu.
A Boêmia está livre!
A oito dias do Dia do Trabalho,
o velho Primeiro de Maio,
em Praga dispararam
o último tiro de fuzil.

Entretanto...
depois de longos dias de festa,
sinceros e grandiloquentes...
podemos agora realmente dialogar entre nós?
Pode um operário dialogar com um operário?
Ou um operário dialogar com um poeta?
A resposta é: não.
Na nossa profunda convicção, porém,
de sermos participantes da religião da revolução,
não nos damos conta disso (convictos

de que um sorriso ou um punho cerrado sob uma bandeira
sejam um raciocínio e sirvam para levar o mundo adiante).

O que diremos, nós, ao nosso poeta,
nós, camponeses e pequeno-burgueses todos transformados em
aristocracia operária? Ao nosso poeta
transformado de futurista em realista?
Nada: não diremos nada.
E este ato da tragédia, portanto,
não pode se constituir a não ser em dois monólogos:
o monólogo dos operários,
e o monólogo do poeta
— um depois do outro.

Depois de um breve período
em que Jan escreveu segundo a poética
que nasceu em seu coração como um reflexo
de montes escuros e verdes, heráldicos,
habitados por camponeses e por partigianos,
em hexassílabos preciosos como pequenos ostensórios
(onde a juventude com seu sexo se transmutava em ouro),
lançou o escândalo
em nossos peitos
através de uma poética nova.
E então, o escândalo.
Que se revelou porém imediatamente como uma conquista,
uma conquista dos intelectuais para todo o povo.
Foi o SKAZ,[36] a forma dessa sua poética.
Caíram as velhas barreiras entre o boêmio escrito
e o falado: foram fixadas as frases incompletas
e sem oração, e as ligadas às orações
populares, como esquemas de litanias; as blasfêmias,
como fonemas; por um instante ou algum ano
o falante foi pego em flagrante liberdade
e suas invenções, até então sempre desconsideradas
pelas pesquisas literárias, foram imobilizadas em páginas
memoráveis dos Formalistas, consciente das descobertas
fonológicas, dedicadas a Jakobson — contudo,

36 No russo, narração conduzida não por um narrador impessoal, mas por um narrador-personagem.

ao mesmo tempo, invadidas por sabe-se lá que novidade.
A que justamente causava escândalo. Mas dentro de quais almas
Jan ia descobrir os tesouros da vivacidade?
Da expressividade? Dos sons inconclusos
e irreproduzíveis? Quem
Jan imitava, entrando em suas almas
como um demônio nos endemoniados?
O discurso de qual classe social
ele revivia, nos infinitos indiretos livres
do SKAZ elevado às glórias da grande literatura?
Oh, foi muito simples.
Ele realizou a sua descida aos infernos
dentro da alma dos pequeno-burgueses de Praga.
Eram verdadeiros infernos, e não só linguísticos!
Ali a vida era incandescente, em seu tornar-se
desordenado como lava e chama malcheirosa,
com relâmpagos e cegueiras súbitas, e um contínuo
surdo como a consunção,
não só porque a língua era tomada no seu nascimento
e no seu uso real, suspenso no vazio
como tudo que se move, mas porque
a ideologia política e a religião humana
estavam petrificadas na mais extrema confusão:
de fato, alguma vez o pequeno-burguês de Praga
levantou um dedo para construir a sociedade socialista?
Não, ele estava morto, apenas morto,
não sabia fazer nada além de estar morto.
Era preciso descrever sua ressurreição.

jan Basta que eu saia na sacada
e uma alegria me toma, como sempre quase vândala:
uma relação viciada, diria, entre mim e a capital.
Ela me disse coisas,
simples mas secretas,
me dando o direito tácito de revelá-las.
Assim, a possuo como um confessor.
Sinto a prepotência desta minha doçura.
É verdade que nela a vida escorre, progredindo sem fim,

mas acho que o dia em que será necessária
uma outra confissão está muito longe
— ou até mesmo não deva vir.

E nesse juramento secreto
do poeta que desceu aos confins da cidade
com suas jovens forças canalhas,
sinto que só posso ter razão.
Me vanglorio da particularidade dos meus problemas!
Estou no coração de um mundo, eu!
Um pequeno problema aqui é um grande problema
dos homens!
E eu, laico, prepotente, armado só
de paixão,
gratuito e arbitrário pela liberdade que me dou
(não pedindo nada a ninguém, mas pretendendo
escuta pela graça da minha natureza)
dou ouvidos ao moralista infeliz
e lúcido
ou ao intelectual de olho manso
aceso por velhos amores provinciais
renovados pela exigência de liberdade
com que por acaso coincidem...
dou ouvidos por bondade, mas por presunção não escuto.
Eu estou no meu entendimento.
Estou na feliz conjunção
em que Razão e Sabedoria estão juntas.
Estou nutrido pelo meu diálogo com meu povo.
Tenho as costas protegidas, com seu sorriso atrás.
Por isso não fujo das críticas
e das escandalosas contestações!
Em tanta luz, sua sombra é quase reconfortante.
Minha luta de poeta contra a Loucura
dos poetas do Ocidente, sua intimidade obscura,
sua fuga dentro dos próprios segredos filiais,
é, sim, feita em nome da Razão:
mas, repito, essa Razão segue junto da Sabedoria.
Para mim portanto é muito clara

a diferença de natureza
entre a minha Heresia e a Ortodoxia
que criticamente aceito.
Ou melhor, a consciência desse drama é a minha poesia!
O que acontece aqui
nesta alma, no centro de Praga,
é índice do que acontece no mundo.
Por isso, posso ser, mesmo que gentilmente, impiedoso
como sempre é quem age de acordo com a Realidade.
Sobre mim
a bandeira vermelha tremula sem retórica.

coro Como em uma cerimônia sacra, na qual os personagens
se alternam para dizer a mesma coisa
quase por medo de que, se discutirem entre si,
o absolutismo da religião possa ser perturbado —
dissemos que este ato da tragédia
não poderia se constituir a não ser em dois longos monólogos.
Um nosso e um do Jan.
E ao invés disso o que acontece?
Na entropia
foi gerado algo que não monologa?
De fato, chega Novomeský — aqui está
trazido pelo destino.

novomeský Jan, não estou aqui para uma discussão literária.
Estou aqui como no apêndice de uma tragédia.
Quase como se o autor, distraído,
depois de ter escrito seu Episódio,
se lembrasse de algo essencial,
e, em poucas palavras, ou numa coda, quisesse sair dessa.

jan Sempre, *sempre*, as repreensões aos poetas
são feitas por razões *não* literárias!
Meu caro companheiro,
não é novidade; mas a literatura é impermeável
ao que se declara não literário,
mesmo que por alguma boa razão...

novomeský Você escolheu como fundamento
da sua literatura
algo que está fora da literatura,
isto é, a realidade conhecida através do socialismo.
E agora, portanto, pode
levantar seus escudos em defesa de uma *tal* literatura.
Ah, mas seria possível em algum momento pensar
que um poeta comunista seria literário?
Quem seria esse traidor vagabundo
que ousaria insinuar uma coisa dessa?
Eu, pelo contrário, nascido na província um pouco antes
[de você,
na década que às vezes é suficiente para dividir
duas épocas da história, aflito pelas dores
de homem comum, e talvez destinado a terminar seus dias
ensinando literatura latina no colégio
— enquanto na sua casa com jardim
escreve sua própria literatura, em eslovaco,
no rústico e delicado eslovaco, pré-industrial —
coloquei sempre *instintivamente* o fundamento
da literatura fora da literatura;
sobre o quê, não sei dizer,
eu não sou um poeta dramático, a minha poesia
não deixa rastros na vida, mas se limita a revelá-la;
permanece fechada no círculo que a prende
a uma existência sólida, na qual um grão de areia
que desmorona...
Mas tudo isso não terminará como deveria ter terminado.
E eu não serei o poeta do Colégio de Bratislava,
que, na sua morte, colegas e alunos homenageiam
com a ereção de uma máscara de mármore barata.

jan E o que vai acontecer com você, então?

novomeský Serei um bandido, caro companheiro! Os meus poemas
tão inócuos, feitos de palavras raras
e segredos (não revelados) da alma,
que não me iludiam a não ser de operar

à sombra de Antonio Machado e (fico corado
ao dizer) de Eugenio Montale — serão recusados
pelas nossas histórias literárias como produtos do diabo.
E quanto à minha pessoa física
não será imobilizada em gélidos e doces retratos de mármore.
Ela mesma se tornará mármore, ou pedra, se quiser,
ou cinzas esquecidas.

jan ....

novomeský Eu sou, porém, um daqueles pequeno-burgueses
em cuja alma você fez uma viagem de lazer
e voltou à tona, à superfície, à luz
da consciência e da grande literatura,
carregado de um butim precioso, como
um arqueólogo de antigos países.
Eu sou porém um daqueles "homens parciais"
cujo discurso, não é assim?, você *reviveu*
nos seus romances;
um daqueles tchecoslovacos naturais
que, durante a guerra e a revolução,
não sabiam de nada além de serem os mortos.
Mas eu fui e sou comunista.

jan Você fala de modo que eu não consigo responder;
faz de mim um herói e assim me deixa constrangido.

novomeský É mesmo? Você sabe muito bem, no seu "coração diabólico",
que os apêndices podem ser longos:
lembra daquele filme de Murnau,[37] com aquele acréscimo
[final,
que você dizia que poderia continuar
por outras duas horas,
com o velho Jannings milionário e seu amigo
cuidador de banheiros, diante dos cristais da Boêmia...
Bom, nós vivemos agora, na realidade, este apêndice
desproporcional da tragédia. Você

37 *Der Letzte Mann* [no Brasil, *A última gargalhada]* (1924), de F. W. Murnau, obra-prima expressionista cujo final desastroso previsto para o porteiro idoso interpretado por Emil Jannings foi mudado para uma conclusão "misericordiosa". [N.E.]

está sentado à mesa posta, toda de linho,
vidro e prata,
eu, em pé diante de você com o chapéu nas mãos.

jan ....

novomeský E não é o chapéu dos emigrantes,
pobre e simplório, inocente entre as mãos inchadas.
É o chapéu de um professor, igual
ao de seu pai,
segurado por duas delicadas mãos brancas de intelectual.
Mas eu também emigro. Vou embora.
E vim aqui somente me despedir.

jan E para onde vai?

novomeský Ah, isso eu não sei. Talvez, como Karel,
uma viagem pelo mar!
Mas essa é uma esperança que acalento dentro de mim,
mas sei muito bem que me iludo. Não fui eu
que escolhi ir embora, portanto não sei meu destino.
Tenho presságios, presságios somente.
Vejo muito frio, e escuridão, e umidade,
sobretudo muita umidade que mancha paredes horríveis
nesta minha viagem; muita umidade e insônia;
e sangue também;
e tantas coisas incompatíveis
com um homem acostumado às comodidades de um casarão
com jardim, com vista para Bratislava, e longas leituras
feitas em paz, enquanto o ouro do meio-dia descolore.

EPISÓDIO VII

Moscou

jan Estou sozinho como uma pequena chama no meio de um incêndio.
Jan, atenção! A coisa mais perigosa
que pode acontecer a um homem é um grande sucesso.

Está bem, está bem!
Aí estão suas mãos irrequietas,
e seu corpo sem mistério em si mesmo
que oferece sua carne magra
à festa organizada como um linchamento para ele.

Protagonista! O ás da Praça Vermelha!
Aos poucos você se tornou insubstituível
e em você foram depositadas estranhas esperanças
(que aceita na sua distorcida timidez
como um tributo real). Pela sinceridade
dos seus versos (escritos com tanta
astúcia) você poderia ter numa eleição
mais votos que um velho político!
E seus eventuais eleitores, seus presentes admiradores,
preparando-se para celebrá-lo como um objeto,
não sabem...

que eu pularei e dançarei como um menino;
e que este meu tórax magro bem conhecido
dos meus olhos fracos, e este meu
sexo balançando tão bem conhecido
das minhas mãos de Pilatos, e o resto — já
que nada em mim é para mim segredo,
e tudo é prosa, e da mais velha prosa —
sou só um pulsar de indecente felicidade.
Cavalgo a vida como um herói.

A escolha da roupa:
escura, como de um intelectual comunista
que não a usa com a rusticidade de um operário
ou de um homem político, mas com a delicadeza
quase naturalmente ocidentalizante
dos burgueses redimidos, além de inatacáveis.
A barba, o banho matutino,
feitos como coisas especiais
para o mais belo dia da vida.

É realmente belo este dia de Moscou
— um Agosto morno como Abril,
com o sol que brinca com o Kremlin como um imenso
[gato,
perfumado de planuras geladas — a multidão que desperta,
se veste, se encontra, sob esse sol aliado.
Ah domingos de Semice!
Solidão no Moldava!
Com aquela mesma angústia, mas agora sei uma coisa:
hoje receberei o Prêmio Stalin de Poesia!
Palavras doces como o mel, por mais feias e prosaicas
que possam soar — informação banal, notícia
alegre, nada mais! Mas, para um jovem,
essas são palavras de Paraíso.

espírito da mãe Aaaaaaaaaaaaaaah! Aaaaaaaaaaaaaaaaaaah!
Aaaaah! Aaaaaaaaaah!
Aaaaaaaaaaaaah! Aaaaaaaah! Aaaaah!

Aaaaaaaaaaaah! Aaaaaaaaaah! Aaaaaaaah!
Aah! Aaaaaaaaaaaaaaaaaaaaaaaaaah!

Entra o Espírito da Mãe, com dois cadáveres de Judeus que lhe trazem uma pequena cadeira.

Aaaaaaaaaaaah! Aaaah! Aaaaaaah!
Aaaaah! Aaaaaaaaah! Aaaaaaaah!
Aaaaaaaaaaaaah! Aah! Aaaaaah! Aaah!
Aaaaah! Aaaaaaah! Aah! Aaaaaaah!
Aaaaaaaah! Aaaaaaaaaaaaaaaaaaaaaaaaaaah!
Aaaaah!
Ah! Ah! Ah! Ah! Quem incendiou Moscou?
Os Mencheviques? Os Americanos? Hitler, vísceras minhas?
Não! O meu Jan! Meu
Janzinho, como o pai dele! Meu
judeuzinho prodígio! Ah! Ah! Ah!

jan ....

espírito da mãe Que beleza de obra literária foi escrita
sobre mim! Quando você vai conseguir, judeuzinho
de merda, escrever uma assim? Uma obra literária
escrita por quem conhecia de verdade sua profissão!

Está escrita, sim,
não se lê, mas existe.

Você canta e dança, contente,
e eu estou lá longe,
onde até meu assassino
ficou sem sepultura.

Comecei a não falar
quando você começou a falar;
eu sempre fui dura como um agiota;
dragão eu tinha que nascer
mas sou um draguinho.

Desta barriga
você se picou
entre pequeno-burgueses
e por lá ficou.

Os chefões vestidos de azul
com muito menos elegância que você, meu filho,
deram tapinhas nas suas costas!

Eu, amiga do Alemão, com um casaco
tudo esfarrapado, as mangas
que caem meio metro para frente da mão,
e nos pés estes sapatos sujos de pântano,
que ninguém pode dizer que não esteja misturado
com merda de judeus e sangue de bichas,
tiro a roupa diante de você, meu filho,
e começo a gritar: "Vem por cima, trepa comigo,
pega nos peitos, o que quiser, vem, o que quiser,
me beija na boca, pega na barriga,
não fica com medo, mete dentro, vem!".

Cansei de ficar em pé.
Força, vocês dois, Cuzões, enfiem a cadeira debaixo da minha
[bunda.

Os dois Judeus executam.

Está vendo esses dois? Você não gosta deles?
Não pesam mais do que uns trinta quilos cada um,
mas foram homens robustos de quarenta anos,
foram dois judeus poloneses com um metro e oitenta;
agora têm um metro e vinte no máximo.
Com dois peitos de passarinho. O coco careca
é a única coisa que continua grande como antes,
junto com os joelhos e o bigulim.
Ah! Ah! Ah! Ah! Têm a doença do burro!
Olha os dois troços pendurados debaixo da barriga.
Um morreu de tanto cagar, mas por acaso,

porque já estava tuberculoso, artrítico,
e com sarna. O outro
morreu porque pegou
câncer na boca.
Tem a barriga saltada para fora como os meninos pretos,
e seu nome é Bongo, e o primeiro
se chama Fido, como nosso cachorro.
E daí?
Puxa-saco como Neruda? Chorão como Hikmet?
Filho da puta como Erenburg?
Bufão como Ievtuchenko (que agora tem seis anos)?
Preguiçoso como Fadeev (que daqui a pouco morrerá)?
Filão como Surkov? Culhão como Simonov?
Hipocritão como Tvardovski?
Não, não, você é da raça
dos que nunca se comprometem;
pôs as mãos à frente,
e disse: "Eu sou pecador!".
Como pecador entrou no mundo da virtude.
Quem virá, diga, à Praça Vermelha?
Virão meus empregados;
que quando necessário são também meus soldados.

Andavam um ao lado do outro como ovelhas
com a vela na mão, a cantar "Kirieleison",
na frente meu empregado Pievan,
um pouco mais gorducho (quando não tinha
sífilis ou não batia tanta punheta).
Mas todos eles, os Camponeses e Pievan,
arrastavam um fedor,
que carregava dentro a terra, a procissão, a noite,
os farrapos molhados de suor bastardo,
primeiro secados pelo gelo,
e depois amolecidos pelo calor
do braseiro preto.

Pobres anjos!
Eles e Hitler são da mesma terra natal!

Pegaram em facas e forcados, com faces vermelhas
e raivosas,
voavam bandeiras sobre seus cocos, sobre suas mentes,
crânios de mortos, untados e besuntados pelo pó de
[Deus,
do pântano do Drin do Drava do Drau, dos rios
que têm nascentes em lugares gelados, jamais vistos,
ah, seus caminhões, seus caminhões,
seus caminhões onde estavam apertados como animais
com o ar cheio de forcados sobre as cabeças,
com o ar cheio de saber sobre suas mentes,
de onde vinham todos esses jovens e essas mulheres,
com vestidos de flores sujos do pântano de Deus,
aonde iam naqueles caminhões, naqueles caminhões
naqueles caminhões cheios de bandeiras,
tinha um de quinze anos, e uma mulher
de setenta, com os olhos como buracos,
fixos no ar onde a planície
recomeçava na Nova História,
os viu passar, e não voltar nunca mais.
Iam de uma cidade à outra
dois quilômetros de distância,
e sempre algum deles tinha uma bandeira.
Os meninos de quinze anos deram sua juventude,
uns ao milho, uns à beterraba,
até que vieram as máquinas
e eles foram deixados de lado
com os sapatos sujos do pó e do pântano de Deus.
Se perderam na fúria da primeira corrida
e foram reencontrados parados ao lado de um trator.

E tremulavam sempre bandeiras por cima de suas cabeças.

Cagões, cocem minhas costas!

Ah, aparelhos de chá, cristais,
móveis do Setecentos!

Passavam os miseráveis por suas estradas de lama
— a calçada era triste
— mais para lá no fosso as urtigas sabiam
quem morreria no dia seguinte
— os trapos dos meninos enchiam o céu
com seu cheiro branco de futuros paralíticos ou ladrões
— os estábulos cheiravam intensamente nos pequenos
[cinemas
semivazios; como em um canto ao fundo do cosmo
havia também uma mulher com sua lã
— pelas frestas das janelas filtrava um grande
medo da vida; talvez alguém estivesse lendo
— dos operários distantes se falava em dialeto, enquanto
o trigo crescendo invisível se ligava ao dia seguinte.
Enquanto isso os patrões conversavam no bendito tepor.

Peidorrentos, me deem a Coroa!

Eu sou a Mãe.
Você me conheceu alcoolizada, corcunda
ao lado de uma estufa, com a gola levantada
e os tufos desgrenhados, e as
costas verde-acinzentadas que exprimiam a clara decisão
de ser devota a tudo, por solene protesto.
Me calava por longas horas, e
quando falava era para dizer as habituais
maldições domésticas, seguidas por um sorrisinho.
Se agora rompo o silêncio
e adoto a mesma linguagem
artificial que alguém o inspira para que
você e a sua consciência sejam uma pessoa só,
é para dizer o seguinte:
A minha exagerada desilusão, feita
silêncio de Apocalipse,
não era para o meu ventre que concebera
um bom comunista,
mas era para o meu ventre que concebera
um mau burguês. Você precisa saber que

na verdade! teria sido glorioso conceber
um bom comunista, que é sempre um bom filho.
Enquanto burguês, mesmo se você tivesse sido
grande como o seu Rimbaud que não fede nem cheira,
eu me envergonharia de você do mesmo jeito:
basta uma pequena mudança na métrica
para ofender toda a Sociedade.
Eu não queria novidade.

Sim, a Hungria e a Eslováquia ainda
eram como países africanos, mas aos poucos
teriam suas primeiras fábricas.
Nós e os operários teríamos concordado,
porque tínhamos um único Deus comum.
Você lutou contra a Razão?
Evocou contra o mundo da Religião de sua Mãe
as forças do Inferno? Vieram,
e me esmagaram como uma barata
no arame farpado preto (o cheiro era
como das privadas em noite de Natal).

Mas, brincadeiras à parte,
eu vim para te dar uma notícia.

Tirem a cadeira da minha bunda.

O poeta com olhos azuis... tão
cheio de bom senso... (ele me encanta
muito mais do que você! Quem diria,
sobre ele, com todas aquelas mulheres em casa,
a mãe, a irmã, a mulher, as filhas,
a cachorra — terras pela parte materna —
apartamentos na cidade pela parte do pai — e ainda
um dos mais estimados professores da Bratislava,
que com certeza teria tido uma cátedra na Universidade
— porque era um verdadeiro estudioso,
— e porque sua poesia era uma daquelas poesias
difíceis mas belas, que mesmo um garoto de dezesseis

anos teria aprendido, com respeito —
quem diria!)
Bom, esse Novomeský foi preso.
Ha, ha, ha, ha, só rindo!
Foi preso do mesmo modo
que prenderam seu pai. (Não falo de mim
porque foi um equívoco.)
Não lhe deram nem tempo de dizer adeus
à sua bela casa, nos altos da Bratislava,
com bosques podados, doces mas selvagens como selvas
[africanas,
de dizer adeus à mãe, à irmã,
à mulher, às filhas, à cachorra,
a todas aquelas mulheres que preenchiam sua vida de homem
e o fizeram subir em um trem selado.

Assim, ha, ha, ha, ha!, começou a viagem.
Você não acreditava, hein, naquele dia,
que ele veio te ver, com seu chapéu burguês heroico,
entre as mãos brancas de intelectual, que tremiam,
ele, comunista honesto, e virilmente realista na sua
[mansidão,
ele, moralista duro como o aço com os fatos,
e terno com os homens,
você não acreditava! Mas era verdade mesmo.

Sim, teve muita umidade na vida dele!

Muita umidade que manchava paredes horríveis!
Leio nos seus olhos que entendeu tudo.
E que já tinha entendido naquele dia.

jan ....

espírito da mãe Aaaaaaaaah!
Aaaaaah! Aaaah!
Que cheiro bom de esterco!

Sim, sim, meu filho,
por sorte existem partes do mundo
onde esterco é esterco, merda é merda,
os pobres morrem de fome cobertos de sarna
e seus cadáveres boiam nos rios sagrados.

Aqui também tem um rastro,
daquele cheiro de esterco
que nunca se perde por completo!

Não sei em que parte do mundo haveria ainda lugares
onde a palavra Revolução seja desconhecida,
mas me atrai lá no fundo o perfume da vida da terra!

É fátuo, como o fascínio
do fascismo e de toda morte:
mas serão tílias ou jasmins...
groselhas ou guano de abutres...
ou até fedor de beterrabas...

Lá os cavalos com grandes coxas brilhantes
obedecem como filhos ao patrão que ara.

Lá as escadinhas apoiadas nos pessegueiros e nogueiras
esperam distraídas as mulheres que comem rindo.

E ao fundo está a cidade, branca sobre a argila,
ou, se quiser, vermelha sobre as salinas;
com monumentos e fábricas.
O Oitocentos, século
em que operários e camponeses puderam conviver
cada um no seu mundo, e com uma só moral,
aguarda esta velha como um peito de mãe.

Eu sou provinciana, muito provinciana,
no entanto mais do que a sua, minha pátria é Paris,
cidade consumidora de lilases.

Quando eu estava viva, queria morrer.
Agora que estou morta, quero viver:
queria morrer pela dor do crepúsculo.
Quero viver para defender sua última luz.

Quanto aos verdadeiros poetas, eles beberão muito mais
[do que eu,
meu filho abstêmio,
e não estarão bêbados só de álcool:
terão absoluta necessidade de não saber.

Embora quem tenha tentado suicídio uma vez
pode ter certeza de que tentará de novo:
se a coisa não deu certo com Hitler,
um dia ou outro dará.

Que pena para quem se prepara para casar
em uma igreja entre ruínas cobertas de rosas,
ou para quem planeja
uma partida de poker na santa luz
dos lampadários do Novecentos!

Mas minha profecia termina
porque me sufoca esse cheiro de terra
(onde como animais vagam os homens santos
que cagam por onde passam, como os adoráveis animais).
Filho, a Praça Vermelha é uma imensa clareira
cheia de um cheiro muito doce, nauseante,
talvez glicínias, talvez um velho furacão.

EPISÓDIO VIII

Semice

coro

Cerca de cem jovens em Praga —
Os belos jovens de vinte anos, estudantes —
Nas rodas dançando e cantando
Todos alegres e perigosos —
Rumo à Praça de São Nicolau sob
A garoa dos tempos antigos ou da primavera.

Onde queimaram — com a de outros Grandes ou até Mestres —

E sem provavelmente
Saber quem eram, como
Terroristas — a imagem de Jan.
Ingerida pelo fogo
Leve como a juventude
Oh, coisa inacreditável, a história não se ofendeu.

No vilarejo de Semice é a estação
em que os jovens carregam o Morto de Palha.
....

irmã

Sem dúvida. Foi para mim
que o autor deste Mistério

confiou a parte mais ingrata. A parte (como veremos)
da sua outra metade; mas outra metade de conveniência; quase
um "deus ex machina", cuja função
é aquela
de preencher com alguma coisa
nosso "poema do retorno":
algo para opor ao silêncio
e ao indistinto que, quem retorna, reencontra.
Oposição não dialética.
Daqui a dureza da minha parte.

jan ....

irmã Além disso, toda essa "alguma coisa"
que estou aqui propondo não dialeticamente
não é nada mais que um parêntese, um
"excursus" (o que duplica minha inoportunidade
como personagem inconveniente de conveniência).
De fato, há muito tempo toda noite
vem aqui, ao longo das margens do Moldava,
e sem entrar em casa,
a sombra de nosso pai.
Ele te espera. Também quer dizer alguma coisa.
E não há dúvida que esta noite também
retornará pontualmente.

jan ....

irmã Na espera... Por onde começar?
É, por muitos motivos, constrangedor.
Muito bem. Começarei brutalmente do início.
Você
me ensinou a reconhecer o sexo
somente lá, na sombra das calças
sempre incerta e enganadora:
em um só ponto, onde os botões estivessem
hermeticamente fechados, sem o menor
rastro de inchaço, ou que

a luz pusesse em evidência o inchaço
um pouco apagado, oblíquo...

jan ....

irmã No ponto onde as calças se bifurcam,
frescas e passadas, ou então
usadas e empoeiradas, o mundo acena
a algo pungente:
deixa o sinal volátil
que diz uma verdade sempre igual.
Vi você sentado,
com aquele triângulo teso, mas inevitavelmente
turvo; ou deitado
com o inchaço cujo cinza das calças,
ou o marrom, estava inexprimivelmente esmaecido;
ou ereto em pé
com as coxas tensas,
o ventre para a frente, bem enraizado no chão,
e uma ironia gentil nos olhos.

jan ....

irmã Quando ainda o selo
por um milagre que o jovem macho acha natural
foi desselado, e a camiseta branca
era transparente, sobre um preto gosmento, sinistro.

jan ....

irmã E ainda lembro de você apoiado a uma parede, quase
meditabundo
na solidão consigo mesmo,
que segurava negligente entre os dedos
a carne escura, pesada.
Você atribuiu a isso somente o amor.
Mas foi fonte de felicidade sem fim.

jan ....

irmã O primeiro foi logo depois que você partiu
como partigiano.
Era um soldado da guarnição de Chrudim:
com as orelhas pequenas e os olhos turvos.
Não teve coragem de dar um passo.
Somente se deixava ver.
Não imaginava nem mesmo que meus olhos
procurassem diretamente seu sexo:
talvez pela inércia de sua inocência
supunha que eu não quisesse sequer imaginá-lo.
No entanto, era justamente ali que eu o espiava,
como você me ensinara,
quando pequena. Eu era, além disso, superior a ele,
porque tinha sido sua aluna...
Bastou tocar sua mão,
para que caísse em um silêncio ainda mais cego,
olhando ao redor perdido como uma criança,
ele, o primeiro a se surpreender
com o peso potente incubado
nas suas pobres calças de recruta.
Não teve outra reação, só uma espécie de choro
que subia aos seus pequenos olhos de eslovaco,
com o ventre de um garanhão no corpo de menino.
Já estava pronto, e não sabia o que fazer:
eu me limitei ao
seu ventre que ele não ousava tocar.

jan ....

irmã Depois do pequeno soldado eslovaco
a guerra trouxe
rios de rapazes, que de folga
se espalhavam pelos campos de Semice.
Boêmios, eslovacos, e depois alemães.
Para cada um deles só contava aquele ponto,
que fingiam ignorar, com hipócrita

timidez gentil, quando era o caso;
enquanto outras vezes
se lembravam disso, cruéis, como um direito
usado talvez com a mãe, em outras idades,
em outros lugares, em outras ocasiões,
e a violência era sempre diferente
da esperada, embora sempre idêntica
a outra violência.
Eles eram como queriam ser,
sem que soubessem. Enquanto era inexaurível
minha obstinação em sonhá-los conforme meu sonho.

Criando para mim um modelo de tudo isso
(que foi a minha liberdade)
você (como eu dizia) se dividiu em dois:
destinando a mim, como em um espelho,
o que por mim você queria ser.
Nós somos portanto uma Pessoa só
(a Dissociação é a estrutura das estruturas:
o Desdobramento da personagem em duas personagens
é a maior das invenções literárias).
Eu assumi o papel da vergonha
e deixei para você o da glória.

jan ....

irmã Acho que foi a essas alturas, nas
margens deste rio, que
você viu as Erínias, transformadas em Eumênides,
começarem em 45 a nova dança cívica.
Era a hora da Razão; em nome
de quem o próprio povo foi chamado a ser juiz.
E as Erínias, as Deusas da Antiguidade —
a podre Antiguidade burguesa! — bem aos poucos
depois de terem por algum tempo protestado selvagemente —
se adaptaram a mudar sua natureza.
Transformadas em Eugenias, Heurísticas, Eucarísticas,
Eumênides — elegeram como moradia

os campos aqui ao redor
não distantes da cidade.
A função delas era proteger
(e integrar) com a antiga Loucura
as obras da nova Razão.
Mas, sem mais nem menos, agora
começa a quarta parte da Trilogia!
Não terminou com o final feliz das *Eumênides*!
Sua natureza precedente
volta a ser ela mesma,
numa lenta e fatal degeneração. E assim,
desviando-se, elas começam a perder
sua louvável fidelidade à nova Ordem:
à Revolução racional. As serpentes
recomeçam a se contorcer e a se eriçar sobre suas cabeças...

jan ....

irmã Seu Coração Diabólico sabe. É hora
da modéstia. O estilo
inventado por uma Necessidade
que o queria sublime, embora
corrigido obviamente pelo cômico,
tende irresistivelmente a ser mediano.
Elude a Hipocrisia pela Sinceridade.
A necessidade é agora prática: os estilemas testados
para esse fim são mais funcionais. Sabe-se
ainda que toda forma de Praticidade
esconde algo de Obscuro.
Estabelecida uma profunda equivalência entre Erínias e Sexo,
está claro que tudo o que foi superado
pela Dissociação retorna. O Desdobrado
retorna humildemente Único. Você retorna em mim, eu retorno
[em você.
O espelho que agora reflete degradado
é você. Essa resignação, ou filosofia
barata, de um homem velho nu,
dá a você a leveza necessária a um simples

fazer, a uma inspiração menor e fragmentária,
a uma certa desonestidade, a uma alusão
vaga a tragédias finalmente trágicas.
O Coração Diabólico sabe
que precisa ser impopular: ou seja, algo
pior do que desiludir!
É preciso dizer verdades impossíveis (mas verdades),
jogar com a Antipatia como antes
se jogava com a Simpatia, preparar
com surda ironia a última Recusa.

Mas aí está a sombra do pai.
Agora me abrigo na velha casa de Semice,
deixo você aqui às margens do Moldava, no mato
escurecido pela noite.

Sai; entra a Sombra do Pai.

sombra do pai Na minha solidão de pai
que soube somente ser prático,
com piedade, e sempre usou poucas palavras,
quero advertir.
Em 21 de agosto de 1968
os tanques de guerra russos entrarão em Praga.

jan É só isso? Caro pai,
eu pulei fora desse tanque há tempos,
e, além do mais, não por cálculo ou interesse.

EPISÓDIO IX

(continuação)

Semice

o capital Poema do retorno!
Eis então o filho pródigo,
que porém não abjura,
retornado, um transtorno!

A noite me assemelha,
porque desce fatal,
tumba para o que espera:
não há guerrilha ou guerra

mais forte que o princípio
que conduz ao final.
A história é uma história
de sombras vespertinas.

a revolução Jan tinha perseguido
a Baleia Branca
sonhando, refletindo:
eu era Pragma e Mito.

Mas já sabe que a noite
desce nova, e os filhos
são *outros* em relação
até ao que se afoite.

"Não abjure", você disse
E acrescenta que eu
estou mais adiantada...
Mas luta-se até atrasada.

o capital Você generaliza,
fiquemos no concreto!
Há talvez um lugar
onde você se realiza?

Se ele aceita uma coisa
que não é você, aceita
o que sou eu: reentro
no meu fúnebre rosa.

A alteridade, enfim,
dos seus filhos, depende
da minha novidade:
a isso ele se rende.

a revolução Não se iluda: é meu,
lhe ofereço o sentido
da vida, mesmo se
vivida em um dissenso

que se assemelha à falta
de escolha, à traiçoeira
sobrevivência: é
Pragma sem Mito,

talvez, sombra de Pragma...
Mas já existiu algo
realmente melhor
depois da Resistência?

o capital

Não contesto, agora,
o seu papel de Anjo
nessa nossa Discórdia
sobre essa alma morta.

Realidade diabólica.
O mal sempre acontece.
O bem é um estado
sem razão ou sem lógica.

Eis porque é vital
o meu modo de ser
história: é em mim
natural e fatal.

a revolução

O seu velho contrato
com a Igreja, continua
ainda hoje válido
se o seu realismo louco

se identifica com
a realidade que une
indiferentemente
McLuhan e Fanon.[38]

Você é morte e vida? Bem,
esse homem, para além
de ambas, pertence a mim:
é um dos meus valores!

o capital

A linguagem que usa
fui eu que inventei:
mas, na minha linguagem,
esse homem foi "superado"...

Portanto na dor
do declínio, o seu
é só um retorno
ao jogo abandonado.

38 Herbert Marshall McLuhan (1911-1980), canadense, educador, filósofo e teórico da comunicação. Frantz Fanon (1925-1961), médico e escritor da Martinica, combatente e dirigente político da Frente de Libertação Nacional argelina.

Sem ter mais sucesso,
estranho a quem é jovem,
o que ele sabe é apenas
minha Grã-Novidade.

a revolução Nada disso! Dividido
entre o velho Comunismo
e esse Comunismo novo,
ele simplesmente vive

anos desesperados.
Mas por sagrada aposta
ele continua a ser
ele mesmo na Prática.

A realidade objetiva
desse homem é minha:
eu o instrumentalizo
com a sua poesia.

o capital Ah, meu cinismo é muito
mais sutil do que o seu:
eu sei *não ser cínico*
no momento oportuno!

Mas atenção, sei não ser
verdadeiramente: pois
tenho tanta história atrás
de mim, que de fato admito

que ele deva perdê-lo
paciência: porque nada
para no mundo meu
avassalador Processo.

a revolução Ha, ha! Na sua inocência
está sua real culpa!
Eu não sou mais a obtusa,
velha, diplomática

sua inimiga: Ciência
da Luta de classe!
Sou outra coisa: nova raiva
de poucos, que essas massas

ignoram ou condenam.
Mas aí me supero.
E ele me ajudou
com seu afã ingênuo.

o capital Eu queria você aqui. O que
verdadeiramente marcou
o seu Novo Extremismo
foi em mim que se formou...

a revolução O que acontece na
sua velha Entropia
pode ser apenas
tema de poesia!

o capital Me deixe terminar...
Um bando de bárbaros
desceu, novo e jovem.
Ali encontrou as minhas

velhas formas de vida:
mas eu mesmo queria
que ele, em vez de aceitá-las
como conquista antiga,

tivesse-as rejeitado.
A realidade é que eu
queria eliminá-las
como velhas carcaças.

a revolução Esses grupos barbáricos
com as faces imberbes
invadiram o mundo
do meu amor, soberbos.

o capital

Talvez: mas fato é
que através deles
a Segunda Revolu-
ção industrial

— justo porque é trágica —
se tornara história
única, com seus novos
incógnitos valores.

Mas eles também valem
para você e seu mundo:
a história é uma, porque
uma é a humanidade.

a revolução

Essa falsa unidade
é a sua. A verdadeira,
como um novo vento,
enche a minha bandeira.

o capital

Tudo bem, você sonha
em ir em frente,
eu *vou* em frente. Mal,
admito, como qualquer

aluno nos ensina.
Mas bem também.
Seja você em abstrato
seja quem se empenha

em concreto por você,
a este mal-bem
— embora se oponha — obje-
tivamente pertence.

a revolução

Eu não me oponho! Sou
outra coisa. Meu julgamento

faz de você um sonho.
Esse homem é um indício.

o capital

Boa noite. Tenho que ir.
A sua Trindade
de Pragma, de Razão,
de Mito, é em mim Realidade.

Acendem-se as luzes
de uma cidade ao fundo
da província: ali treme
a alma do mundo.

Quanto a esse homem,
se não quer mesmo perdê-lo,
deixo-o para você: ébrio
de erva e de trevas.

APÊNDICES

FRAGMENTO I

Ilha de Kampa (Praga)

coro

Começa outro episódio constituído
por duas seções diferentes. Em uma
estamos nós, na outra Jan
(já aconteceu: cf. Episódio v).
Mas desta vez podemos assegurar
que não haverá uma coda. Quanto a nós
perdemos as legendárias conotações
de classe. Pela fúria de se tornar sempre
mais jovens, sempre mais atuais, os grandes
valores dissociativos se dissolveram em
uma realidade elástica, fluente, onde
tudo é possível. Para nos definir não importa
ser conhecedor de códigos. Basta uma experiência
qualquer possibilista e inescrupulosa.
Sobre o que falaremos, antes de Jan
(precedendo-o, de novo, como em uma função sacra
cujos personagens são incompatíveis entre si),
tudo é absolutamente falável. Falar
a palavra (Lacan) é agora nossa primeira nova qualidade.
Pois bem, esse velho poeta, Holan, fechado
na sua casa na ilha de Kampa, é um velho
poeta: o velho dos velhos. O que nos interessa.

Sua operação repetitiva e sua conduta
nos parecem muito coerentes: o "todo único"
(estamos em 1969)
é um fato técnico caracterizado por uma língua
poética muito prosaica, com a precisão
dos relatos de notícia ou de ciência etc. Conteúdos
são "lembranças" recortadas por conveniência na memória.
Conteúdos que contradizem a forma: cujo realismo
pequeno-burguês e quase camponês (muita
concretude e bom senso) se desestabilizou. Mas não tanto a ponto
de se tornar definitivamente surreal ou então místico.
Ele se torna simplesmente ambíguo, como
em uma metamorfose kafkiana. Operações
do gênero, *démodées* alguns anos atrás, voltaram
a ser atuais: interessam sem inquietar, a não ser
por opção, ao leitor jovem, fora
das velhas confusões do decênio precedente.

jan Estou
de joelhos diante da ilha de Kampa.
Olho as janelas fechadas da casa de Holan.
....
....
Oh, Holan, você está dentro de casa, em grande
privacidade, bajulada e protegida. É
o que acontece quando o eremita
é um burguês que se tornou venerável. Grande
é o prestígio de uma casa rica, quando um
burguês não poeta puder reconhecê-la como sua.
E cada um que reconhecer como própria a sua casa
é seu aliado e cúmplice, embora esteja na renúncia
ao poder o que define seu prestígio social.
Como velho poeta indiscutível, você está doente. Suas mãos
só servem para tremer; alimentam,
vestem, levam até perto
da privada (onde com essas mãos trêmulas
por ora você ainda consegue se virar), põem
na cama. É uma velha empregada que faz isso,

mas, de longe, as melhores senhoras burguesas
e seus maridos seguem você com interesse,
vigiam. Você é problema delas: especialmente quando
nas refeições usam pérolas no pescoço, e seda as enfaixa.
Serem responsáveis pela sua doença é
de alguma forma uma distinção social: fala-se
disso abaixando um pouco a voz, mas com firmeza.
Você, com seu rosto flácido de macaco inteligente, lança
olhares penetrantes ao redor; sem jamais perder
seu, um pouco forçado, senso de humor. De
"xênia" você sabe com ática reticência tudo
o que pode saber quem saber não quer; de
"xenoglossias" você entende. Engole caldos e chás
como um pequeno e sublime porco, ferido,
engrunhido e afável. Refaz
as etapas da sua viagem cósmica de um
hall restaurado às termas
visitadas pelo Demônio das *Coisas*. O qual,
visto de costas, sempre deixou um vácuo
nos lugares por onde você passou; e teve nomes
conhecidos pela Gnose, pela Ornitologia, mas era
totalmente inacessível a qualquer anamnese.
Foi enredado pela Cega. Que você
poderia sublimemente amar. Sozinha
com você entre mesas de nogueira e irrepreensíveis
opalinas, não está mais aqui, agora. Que uma compra,
uma voltinha, uma viagem
para um congresso — e então
a morte — tivessem lugar, e têm,
na consciência de mulheres protetoras
de grande renda, assegura
àqueles fatos de estarem inscritos na Necessidade.
Quem lhe deixou sua solidão foi ela.
Tinham dito a você inutilmente
martas e enguias, roedores e pássaros
grifos; e o rangido dos portões...
Mas deixemos para lá.
De marfim ou de osso, mesmo que

vagamente cheirando a clorofórmio e fezes,
a Solidão
que escolheu
escala o brasão do inabalável cinza.
O exibicionismo da velhice é o rigor: severidade
ofendida que graceja mas não cede. "Strach"
e "Bolest"[39] você escreveu ostensivamente na cara,
apesar de se esquivar das honras. O ar
da planície de Gahatagát se solidificou
em interiores pela eternidade sedentários...
Todavia seu "gesto"
é o que conta. Você também,
como o nazista Gottfried Benn, é um poeta
de teatro. E quer atuar até o fim.
Fazer o gesto de escrever poesia ao invés de escrever poesia:
quanta força de espírito é necessária, quanta
dureza! De resto
levar a cabo
o próprio papel é competência dos santos, que
são, justamente, impiedosos: incluindo Marianne Moore,
Kenneth Patchen, Óssip Mandelstam.
Estou então aqui, de joelhos diante
da ilha de Kampa, eu que me consumo. Meço,
aqui, no vivido o meu não vivido:
a possibilidade suprimida por mim, e que agora
— preso em palavra — vejo negada pela eternidade.
Lamento só porque é uma miragem.
Nunca me calei,
mas aqui declaro, poeta autossepultado, que fazer
de si exemplo, como você fez, não era problema meu;
se lamento como perdido (para mim) o modo
como você viveu
é porque lamento obstinadamente
aquele como eu vivi:
nenhum outro me parece aliás decente.

39 Duas palavras tchecas que significam "medo" e "dor", respectivamente.

FRAGMENTO II

Paris

Jan em Paris. Dificuldades com o passaporte.
Falta de jeito natural do poeta
do Bloco comunista etc., corrigida pela
tradição do poeta centro-europeu não provinciano,
cuja "pobreza física" é ascética etc.
Escolha forçada de companhias. Comunistas franceses
do "Humanitè" junto a intelectuais livres
e portanto inaccessíveis etc. Um hotel simples, Congressos,
bistrôs. Passeios consoladores, angústia.
Rádio Luxemburgo etc.

necromante D'Annunzio... Petőfi...

jan Imbecil!

FRAGMENTO III

Paris

jan

Experimento um sentimento de rancor profundo e desesperado, de desilusão tão silenciosa quanto definitiva, de humilhação que degrada não só a mim velho, mas degrada, por reflexo, toda a minha juventude. Esse rancor, essa desilusão, essa humilhação derivam do fato de que eu não vivi como Aliócha, embora pudesse ter sido capaz. Os sentimentos assim tão fortes, puros, violentos que me agitavam quando era jovem em relação aos outros, eu não soube gastá-los sem interesse, como Aliócha; e não soube mantê-los em segredo, revelando-os somente aos realmente interessados. Não soube, assim, perder-me em silêncio, no pequeno lugar de uma cidade qualquer que a vida reservara para mim. Quis investir esses meus sentimentos com interesse e em um círculo mais amplo de pessoas. E quis por ingenuidade. Acreditei que meus sentimentos, desse modo, seriam ainda mais enobrecidos e sobretudo sinceramente engrandecidos. No entanto se tornaram infinitamente menores e mesquinhos. E meu rancor, minha desilusão, minha humilhação se devem ao que tornou meus sentimentos justamente pequenos e mesquinhos: a literatura.

FRAGMENTO IV

Praga

coro Sala de Conferências (União de Escritores).
Presentes observadores ocidentais, o que faz
da entrevista coletiva de Jan algo
menos asceticamente comunista etc.
Há algo de mundano, como nas apresentações
dos livros em Roma ou em Paris (sem a afluência
"ateniense" nos análogos encontros londrinos
ou, melhor ainda, nova-iorquinos) onde o "demos" existe
na forma de jovens sedentos de cultura
(atualmente um pouco irreverentes).
A última obra de Jan é a recriação
de uma obra clássica de Vladimír Janáček;
lá se conta sobre um crítico que reconstrói
a Identidade de um pintor desconhecido,
através de uma sequência obscura de descobertas
de quadros novos e novas atribuições —
como em um romance policial puramente intelectual.
Essa trama, no livro de Jan,
se repete porém três vezes, em três
momentos diferentes da história: um contexto
rico (agrário, feudal: fascista),
um contexto popular, e, enfim,

um contexto pequeno-burguês.
A relação de classe (entre descobridor e descoberto)
é sempre especular: o patrício descobre, de fato,
um grande pintor popular; o pobre
descobre ao contrário um grande pintor de família nobre;
o pequeno-burguês descobre, enfim, um grande pintor
pequeno-burguês (morto nos campos de extermínio).
No último caso há porém
uma infração à simetria:
se insere
a radical
transformação do mundo
devida à sociedade de consumo
(que unifica Oriente e Ocidente), pela qual
a Identidade do grande pintor pequeno-burguês
— reconstruída pelo crítico pequeno-burguês por deduções
e levada da sombra do ignoto
à luz da história —
sofre uma alteração interpretativa
bastante anômala, em relação às duas outras vezes.
A Pesquisa é suspensa, distorcida...

jan ....

FRAGMENTO V

Sul da Boêmia

guardião Aqui plantei cebolas.

jan Hum, está bom! Escuta, Stiepan,
aqui ao lado desses carvalhos
você vai plantar três ou quatro cerejeiras...

O Guardião sai.

jan Veja, é em um *outro lugar* que as cerejeiras
— nascidas em *outro tempo* —
florescem e desflorescem: e os poetas
pertencem sempre a uma *outra civilização*.

wojczek Como você tem razão!

jan Agora que sei como se faz (pagando) o que se quer
e que o mundo é muito gentil quando serve a servir,
quero muito plantar essas cerejeiras.
E quero plantá-las por uma única razão:
pelo prazer de chorar, antes,
vendo-as quando florescem, e, depois,
quando começam a desflorescer: prazer,

o segundo, indubitavelmente muito maior.
Chorar, acrescento, como um poeta pobre
(um menestrel, último herdeiro de Safo)
que vê as cerejeiras *nos campos dos outros*,
e acredita *que tudo seja de todos*,
porque para ele, pobre bom rapaz (falo de mim)
a propriedade faz parte do mundo.

wojczek Como você tem razão!

jan A tradição nesse sentido é sólida (pelo menos em Quioto):
cada bosquezinho de cerejeiras, floridas juntas
como sob uma ordem, teve um poeta
que chorou pelo seu florescer.
Com quanta delicadeza aliás Tanizaki
citou Vrónski de *Anna Kariênina*
É possível falar tanto de política como de cerejeiras.

wojczek Tem razão! Tem razão!

Entra o Guardião

guardião Bem, para lá da sebe
na direção norte e oeste
se entrevia a ampla cordilheira
de Rokko... Na margem
direita do lago, um lilás
com flores roxas e uma cerejeira
estavam cobertos de corolas festivas.
A cerejeira tinha sido plantada
só dois ou três anos antes...
A cada primavera, com a chegada
da estação propícia
Sachiko estendia conscientemente
um tapete ao seu redor,
mas por obscuras, inexplicáveis razões
as flores eram sempre poucas e desbotadas.
O lilás, porém, se transformava

em uma grande massa de perfumadas
pétalas violáceas. Também o plátano
e uma árvore de sândalo
cresciam no jardim,
junto a um lilás de flores brancas.
O professor de francês
que dava aulas para Yukiko,
quando olhava para o jardim,
sempre sentia um aperto
de nostalgia no coração,
lembrando da França,
onde essas plantas são muito comuns.
Então, enquanto o outro lilás
ostentava toda a bomba violácea
de suas flores, a "syringa vulgaris"
tinha, quando muito, alguns botões:
para ela a floração
viria mais tarde,
ao mesmo tempo do amarelo yamabuki,
que crescia próximo ao estúdio de Teinosuke...
Em suma, o que aconteceu
por anos e talvez por séculos
em sociedades conservadoras
(para não dizer feudais),
em famílias pertencentes a uma Direita
que mantinha o Poder *sem oposição*
nem presente nem futura —
é o enigma mais santo da história.
Ninguém jamais poderá reviver, juntas,
a intimidade com as cerejeiras e a estranheza
imperial de sua floração.

jan Dedico este episódio da minha vida
a Guilherme IX de Aquitânia.[40]

40 Guilherme IX de Aquitânia (1071-1126), trovador.

FRAGMENTO VI

Praga

dubček Sim, sim, não há dúvida; associada
ao movimento de liberação, havia
uma extrema-direita, é natural.
Não se declarava, mas havia.
Era o germe da Revolução Branca. Aliás
a Tchecoslováquia pressupunha isso.

coro Mas existe algo de concreto, algum
dado...

dubček Sim, um Clube, ou Grupo, ou Movimento
"Jan Palach", que porém não é, claro, comunista.

coro ....
....

I

jan

Ouçam agora estas “notas para um hino”.[41]
Me volto a “tis”, não faltam ramos
de visco
amor por Lineu, ou Galileu,
eu digo que ainda acontecerá,
e alguém,
santo, estará
concentrado na luz
da vinha plantada sobre amoreiras, ou estacas
de amieiro (?), não de cimento!, preparando
os alicerces de uma Majestade
ou um altar para Zagreu
filho de Sêmele
com portais... e estatuetas bifrontes...
O que digo, haverá
“tis”, um menino seco, um metro e oitenta de altura,
com óculos — e com cabelos curtos —
“Sejam homens, não destruidores”!
Ele lerá Heródoto e fulano e beltrano
gregos
a um cantar
de rãs a partir do C.[42] em direção
aos edifícios racionais de T. — rãs...
e maçaricos, pavões, faisões,
eu acho
proveniente de V., com irmãos
maiores comunistas Κόρη, Δελιά δεινά, libidinis
expers — ele punheteiro que bate uma, “tis”
humanístico que sabe, ele,
que “o roubo é o objetivo principal do governo”
ele, da Alternativa Branca, que agradece,
imitando as panfletagens dos outros extremistas, um poeta
que pronuncia frases de direita de
uma — extrema — esquerda — indefinida —

41 Alusão a Ezra Pound em citações literais, retiradas da tradução italiana *Cantos scelti*, de Mary de Rachewiltz, filha de Pound.
42 Os nomes que, na última versão do texto, foram trocados por iniciais são, na maior parte, de lugares da província vêneto-friulana.

chorando Estados de espírito que são inexplicáveis a nós
δακρύων δακρύων δακρύων
na realidade as estacas de amieiro (?) as amoreiras
solidárias ao Carro, tis (τις)
proveniente de estratos sociais bem conhecidos
pequena — burguesia — camponesa.

II

Atena, quem a ofende?
τις ἀδικεῖ
Bem, não seja clerical.
Caridade, tenha-a, e faça-a fluir.
Sim, "Muss. arruinado por engano": acredite se quiser.
"A beleza não está na loucura" mesmo se
"cacos e erros *teus* irão te cercar". O meu
hino é o seguinte (para você). E pense também, ia esquecendo,
"ai de quem conquistar com exércitos
cujo único direito é o poder". Leia também
Confúcio, os velhos aposentados de T.
vão entender, você de V., tudo bem, eles do F.
Mas os pequenos Deuses Chineses (ou áticos), aqueles
que a vespa a abelha
as rãs europeias as palhas levadas pelo vento
Aqui se fala de
gestualidade. Eu também sou gestual, não está vendo?
Eu também faço, então, o *gesto* de fazer poesia assim
talvez para honrar a honestidade laboriosa, *in pagis*. Por
você. E acrescentemos também as cigarras,
cujo canto preenche a tarde
não distante dos bastiões de Atenas, ao longo
de um riozinho debaixo de uma macieira ou figueira
com frutos maduros —
meu Fedro fascista.
Saiba.
Saiba que meu fardo pesa, mas para seus ombros
de intelectual "humanista", que treina basquete ou
caminhada campestre (?)

é leve.   Saiba.
Amar o cepo. Amar o festão da parreira.
Amar a nuca dos seus contemporâneos: tosquiada.
Amar a linha entre campos e cidade
(com algum sagrado recinto, para pastagens domésticas).
Amar a mureta. Amar o casebre em forma de Igreja,
com o celeiro, e o horto com seu cheiro ácido de esterco.
Ubi amor, ibi oculus. Amar muito (πολύ) o que morre.
Evite botequins (mas não sombreadas bodegas),
semina motuum
no mato ressecado cai a chuva agora
não arrogante por hábito
mas por intuição furiosa. Depois,
o sol.
(rasante no monte C., frontal em G.)
Ame-os.
A noite cinérea, alucinada, que não verá
a lua, além da cortina de vapor, em campos que
não fumegam. A noite de tempestade, com o vento boreal,
assoprado pelo Érebo — na vigília de Corpus Christi
(em que, depois, de novo, o sol secará margaridas
amarelas, e grandes estábulos, lavados)... Os estandar-
tes, e o som dos pífaros
οι χθόνιοι
Ame-os. UBI AMOR IBI OCULUS EST.

Defenda!   Conserve!   Reze!
O problema é
mudar de caverna, eis tudo. A República
é o interior do corpo da mãe. Mudar,
vagabundear,
renascer,
iniciar-se,
certo, mas isso
pertence ao Passado,
agora o importante é conservar. Você, feiticeiro,
não CAMISA NEGRA, nem CAMISA MARROM (entenda-se,
isto é essencial), digamos: CAMISA CINZA —

todos os burgueses carregam o valor primordial,
que é: *não* vir à luz! *mas* entrar na caverna!

Ali está a vida.

Nessa Lógica o Progresso é Regresso (ver o amado
De antro Nympharum, humanista adolescente de
óculos).

III

Então,
com o corpo de um sonhador se faz tanto um falo como
um colo.
O mundo é imobilidade. Nos *Gates of the Dream*
lerá que para fazer um novo mundo
o sonhador (vermelho) deve não só se separar do
mundo, mas também se separar em ser *e* mundo,
filho *e* mãe. O anticomunismo
é bílis
contra quem
ousa infringir o primordial estado de sono;
bílis
contra os jovens machos que se encontram
no deserto, os delinquentes! E de lá vão
fundar Roma.
Malditos caralhos protegidos por Mercúrio, que não
[amam
a Páscoa, onde tudo é o contrário de
tudo — e não existe nada pior
do que ser um iludido.
Isso sempre soube.
Ter Fé é outra história. Você tem Fé,
é Católico até que praticante, mas
diante de Melquisedeque se detém.
Imagine se saberia renunciar a paternidade e descên-
cia. *Ali* não é vigente o Kulachûdâmani Tantra, ou obra análo-
ga, mas um Evangelho lido pragmaticamente.
O seu behaviorismo não sabe de si mesmo,

é solidamente empírico. E, para completar
quanto...
À Religião,
sabe-se é Igreja: não desmembra,
a sensata, o corpo único de pai-mãe, nem
o come. Cristo é macho.
Quem disse:
Nada poderá ser único e inteiro
se não tiver sido dilacerado?
Bobagem. Defende a unidade
obtida concretamente
com os códigos,
com a idealização
do materialismo fraterno.
Os Vermelhos ferem:
levante o estandarte do Sacro!

IV

Mas atenção! Não avançar demais.
Atento por exemplo à unificação em adham.
(Não coloque na cabeça
que os homens se unem tamquam
membra unius corporis. O corpo místico já fede a
marxismo.) Você,
se limite à paternidade, à fraternidade: está
ligado às diferenciações. É já muito
quando se diz aos Efésios: união mística, sim,
mas entre mulher e marido.
Limite-se à biologia. Segue pela *Massenpsyche*,
desde que sirva ao nacionalismo (ou ao regionalismo).
E, por caridade, que o Eu seja Eu.
Repito: diferencie, diferencie, diferencie.
Seja *persona* não *prósopon*.
Persona ficta, aprósopon.
Representante. Que é papel arquetípico, certo,
mas também prático, no de V. —
U. — M. — ou R.
Assim, rapaz de calças lutuosas,

até aqui falei sobre o que é ruim. O Negativo.
O Excesso. Que deve evitar
("Homens, sejam não fascistas!")
Agora me resta falar do que está bem,
"por alegria".
A fim de que você "represente" (no Pai que revive)
uma Nova Direita. Uma Direita sublime.
....
....
Ubi amor ibi
Ali a menina é santa;
Ali o rapaz é o pai na terra;
Ali a classe dominante domina filhos que julgam
justo o poder
Ali o soldado é o soldado do Exército a Cavalo
Ali Autoridade e Obediência são irmãs apaixonadas,
feitas da mesma massa
Ali quem tem o fuzil é igual ao que faz o pão
Ali rapazinhos e chapins
Ali a mãe se veste de seda preta e vai
em direção à cidade, no sol
Ali o baque nos lavatórios
A luz a pino e o silêncio; o coração está seguro
dos futuros séculos.

Ctônico Fedro fanático mas (portanto) não clerical
nem vulgar, sabe.

A-ma, ama, am-a:
a Páscoa.
"Perdoados, perdoados
em ti foram todos os pecados"
— e espessos, excruciantes, agradáveis
remorsos futuros,
orgulhosos exuberantes —
purezas
temporãs — todas coisas, essas,
com as quais você, ateu, intelectual católico, pouco

se importa, *você*: mas cuide para que nunca
cesse no seu coração a vigilância de que, essas coisas,
contem ilimitadamente para o camponês.
Que ele se engeme no ovo, e ali permaneça.
Que para ele tenha reflorescimento
só a Cruz (reflorescem, sabia?, os pêssegos,
os espinheiros, em breve as acácias!!).
E acredite, acredite até no convencional real acima
e a despeito do vivido.
Erija-se como herma. Tenda à Academia.
Não fale a palavra mas a coisa. Expresse-se
imitando o Petrarca
da Sociedade Filológica Eslovaca (por ora,
que é jovem, depois se verá).
Saiba.
Amar a pobreza. Amar o estranhamento do pobre
à classe dominante. Amar sua alteridade
como cultura popular.
Amar sua rígida camisa lavada e passada. Desbotada.
Amar sua calça preta listrada. Amar
os remendos daquela calça. Amar a amora.
O vinho (o c.; o m. do pergolado de casa).
Todos os velhos de noite na calçada;
depois, no cadeirão: de Pais a Santos.
....
Mesmo exaltando a virtude, segundo
os mais severos costumes agrícolas (luz sobre o jovem
agricultor, que contudo quer, alegremente,
trepar) não banirá os prazeres da taberna
nem mesmo os do cassino.
Taberna Páscoa despesas carrossel militares fora
a lua/ flores de abóbora (amarrotadas
em cósmica paz no pátio) e pó
ou neve rendeira. "O corpo está dentro"
disse Plotino (bebendo); e
Gemisto: "São deuses por alegria".
Você, filiado
ao "Grupo Jan Palach", capaz (tenho certeza)
de desafiar a morte,

vândalo acadêmico punheteiro, que tetis
ameaça,
e incita ao pior —

O volgar'eloquio: ame-o.
Ouvidos atentos, benévolos e fonológicos,
à lalia ("Che ur a in!")
que surge das profundezas do meio-dia,
entre cercas enxutas,
nos Mercados — nos Fóruns de Boario —
nas Estações — entre Celeiros e Igrejas —
Depois se apaga — e com suspiro
de um universo ervoso — se reacenderá
ao final dos crepúsculos.
Sobre a tal lalia, incline-se como sacerdote sobre a Castália
entre as abelhas que se saciam, laboriosas.
E:
I Não usar o nome de Deus em vão (mas ainda assim
com frequência).
II Dez mil anos nos dizem: os homens têm genes e
descendentes. (Nada de pílula.)
III Existem aflitos. Evita litígios. (Circula armado.)
IV Sem trigo, não comerás, nem criarás larvas,
exemplo do Imperador foi o arar. (Fotografa)
V E não desperdiçar. (Investe.)
VI Dez mil anos dizem: adestrar os estudiosos
...bovem epiphyatum
balteatum... ornatum. (Cornutum.)
VII Desnecessárias as engenhocas (honra os artesãos).
(Uma ideia para os sindicatos.)
VIII Defende o Código vigente — sem alterar,
atenção, os resíduos do napoleônico.
IX Amarra e nutre a vaca perdida (desde que seja uma
vaca).
X A palavra paterna é compaixão;
filial a devoção;
a fraterna mutualidade;
do *tosatèl* a palavra é respeito.

No seu fascismo sem violência, ignorância,
vulgaridade, fanatismo,
Direita sublime,
que está em todos nós,
"relação de intimidade com o Poder"
Hic
desinit cantus
Tome sobre seus ombros tudo isso.
Sobre os meus é indigno, ninguém
entenderia a pureza, e um ancião é
sensível aos julgamentos sociais, mais ainda
quanto menos lhe importa ("São
Deuses por alegria"). Deve ter respeito como um *tosátel*
da
própria
figura
pública: deve
proteger os próprios nervos, enfraquecidos,
e procurar proteção, aceitar o jogo que nunca
aceitou. Tome este fardo,
rapaz que me odeia,
e carregue-o você. É maravilhoso.
Eu poderei assim prosseguir, aliviado,
escolhendo definitivamente
a vida, a juventude.

(1966-1974)

APÊNDICE
A *ANIMAL DE ESTILO*

[DO EPISÓDIO III DA PRIMEIRA VERSÃO]

poeta Vi um rei antigo,
homem-deus, que não deveria ser visto
comendo ou bebendo. Um dia um de seus filhos
de doze anos o viu, bebendo. E ele
mandou vir os servos, mandou vesti-lo
com roupas de festa, mandou esquartejá-lo
e mandou espalhar os pedaços do corpinho,
sob os carvalhos, e os plátanos, e os álamos, e as tílias,
os sambucos, os vimes, entre seus poucos súditos,
todos iguais na democracia selvagem.
Aquele rei com seus súditos
nunca tinham certeza de que depois
do inverno retornasse a primavera.
Seria possível que as folhas mortas e perdidas,
aquelas mesmas folhas retornassem aos poucos
a despontar dos ramos?... E que da terra
desnudada, renascesse o mato? O mato esquecido?
Como cães, com cabeças prematuramente humanas,
coitados, observavam atordoados o que acontecia
depois do inverno, incapazes de acreditar...
Por que você me olha desse jeito?

irmã Olho como uma menina quando escuta uma fábula.

poeta Depois aconteceram as primeiras semeaduras.
O Rei da chuva na selva boêmia
não poderia definhar, era preciso matá-lo
antes que perdesse as forças, e fizesse recrescer as folhas.
Os filhos se encarregavam — como hoje.
Depois... Depois...
Adonis chamava Cristo. Desceu aos ínferos
e ressuscitou. A cruz era uma árvore,
e uma árvore era uma deusa,
e essa deusa era a mãe.
Os filhos nascidos da mãe
fazem festa hoje na cidade.
Matam brincando e cantando o pai.
E isso torna a Boêmia grande como todas as Rússias!
Um carvalho tem mais história que uma casa real,
mas o rapaz que protegia o carvalho sua mãe
está em nós! cada ramo, cada broto
tem um significado! Isso é o que diz o sino
que soa as vésperas, imitando
a tristeza dos corações.

irmã Aí estão meu pai e minha mãe,
coitadinhos! Venha, vamos jantar,
se não a ama vai resmungar!

poeta Espere! Mas é possível
que você esteja sempre me escutando?
Possível que seja sempre eu o admirado?

irmã Quem sou eu? Uma pobre moça,
que tem o único dom de ser sua irmã,
que não sabe nada: o que quer que eu diga?
o que quer que eu faça além de escutar?

poeta Mas eu estou cansado de ser adorado por você!

irmã Está bem, vou deixar de te adorar.

poeta De agora em diante, não me olhe mais daquele jeito,
quando eu falo e digo as minhas bobagens
— de ignorante e presunçoso...

irmã Farei como você quiser: olharei ao redor
como as alunas preguiçosas,
que não escutam as explicações de seu professor.

poeta Por que me obedece tão docemente?

irmã Então vou obedecer e te irritar.
Sou capaz, se eu quiser!

poeta Está vendo?, agora
aceitando imediatamente me desobedecer,
está me obedecendo.

irmã O que devo fazer então?

poeta Desobedecer-me quando deve obedecer
e obedecer-me quando deve desobedecer.

irmã Mas mesmo fazendo isso, será por obediência.

poeta Combinado! Mas eu não devo perceber!

irmã E por que tudo isso? É uma brincadeira nova?

poeta Porque... Entre nós dois, quem é o amado?

irmã Você! Eu sempre fui sua serva,
quando você era rei-soldado
quando você era general-cavalo
quando você era cavaleiro.

poeta Mas não somos mais crianças.
Você não é mais uma criança, ou estou enganado...
ou não é verdade?... Você é uma mulher.

irmã Aí estão eles: deram a volta pelo jardim
e agora entram em casa.
A ama está ocupada com a vassoura
entre o cão e as galinhas.

poeta Um belo quadro familiar!

irmã Sim, é belo! Eu o protejo.

poeta Sua mãe é louca, talvez porque
o pai dela fosse sifilítico e alcóolatra:
o que era possível fazer há meio século
nas noites do campo boêmio?
E assim sua mãe é uma criança nojenta
que transformou nossas vidas
em uma zona pútrida e escura no fundo do mundo.
E aquele outro, seu pai,
é um fanático vergonhoso, um papa-hóstias idiota,
todo contente em se fazer de vítima e santo.
Encontrou uma missão na vida.
Não leu mais nenhum livro
desde a universidade, não sabe fazer mais nada
além das contas da sua propriedade.

irmã Você fala isso porque é jovem:
mas eu não falo assim, pela mesma razão:
Eles são nossa mãe e nosso pai.

poeta E você é igual a eles!
Uma pequena-burguesa mentirosa,
que não sabe que não sabe!
Devota de uma vida monástica fedorenta,
de uma vida de compromissos e de omissões,
nosso pai de saia é o que é!
Muito bem, deixarei tudo para você,
tudo o que diz respeito ao filho homem.
Aproveite... com o marido que mais cedo ou mais tarde escolherá você!

(1966)

[EPÍLOGO DA SEGUNDA VERSÃO]

coro Depois, recomeçou tudo de novo.
Inutilmente Jan se transformou em um Metajan.
Até a nova atualidade recuperada se dissolveu no velho.
Um Contraste gritante
entre Capital e Revolução
passou a ter de imediato um ar pré-histórico.
Nós, ex-pequeno-burgueses de cultura camponesa,
ex-partigianos, ex-operários de um Estado Comunista,
temos agora a bochecha imberbe do rapaz
despertado para hábitos sociais inteiramente novos.
Impaciente pela persistência dos Partidos Comunistas
que continuam a fazer questão de terminologia
e de método, protestando eternamente
que se priorize antes de tudo a luta de classe,
o terceiro Jan,
tendo ideias muito lúcidas sobre o futuro,
foi consultar uma Vidente sobre o passado.
Ela vivia em um bairro de estrangeiros
de uma grande cidade europeia,
onde tudo dizia que o modelo de desenvolvimento
era o único possível por mais atroz que fosse.
Vendo Jan, essa Vidente
não teve nenhuma curiosidade, foi
perfeitamente objetiva. Observou-o e disse

"D'Annunzio… Petőfi…"
Mas Jan a interrompeu imediatamente
chamando-a de "imbecil".

(1971)

Teatro e metateatro

Maria Betânia Amoroso

No início de 1968 Pier Paolo Pasolini publicou o "Manifesto por um novo teatro", mas não era o único a se manifestar. Entre 1965 e 1968 os manifestos que propunham mudanças radicais para o teatro foram frequentes na Itália.

"Esplosione Manifesto Strehler" foi publicado em setembro de 1968 na revista *Dramma*, considerada na cena cultural da época pouco alinhada com os movimentos contemporâneos. Giorgio Strehler, figura de enorme prestígio nos meios teatrais italianos que com seu nome levava um público fiel ao tradicional Teatro Piccolo de Milão, criado por ele, argumentava contra a renovação da ação e pensamento dramatúrgicos:

> Eu sempre combaterei a forma da revolução pela fama, isto é, os slogans revolucionários (palavras e fatos, autogestões, cogestões, democratização, falsas discussões dialéticas) para depois tudo continuar como antes, com álibi construído e para o qual foram encontrados os instrumentos.

Ainda em Milão outro manifesto lançado em junho de 1968 na importante revista *Paragone*, dirigida pelo crítico de arte Roberto Longhi, foi escrito por Giovanni Testori: "Il ventre del teatro" [O ventre do teatro]. Assim como Pasolini, Testori se distanciava das propostas dramatúrgicas e cênicas contemporâneas, mas em sentido diverso de Strehler e próximo a Pasolini:

> A "espessura física" da palavra na tragédia não é traduzida por gritos, urros orgiásticos, gestualidade decomposta e desenfreada, mas sim por um movimento que vai às "raízes da indizibilidade", e dos espasmos daquele silêncio acordado e doloroso extrai — exalando de si mesmo, delicadamente — a voz do Verbo, do Logos estilhaçado, ferido, colapsado.[1]

Quando Pasolini se declara através do seu manifesto radicalmente contra o teatro italiano contemporâneo dá continuidade à luta pela expressividade linguística — seja do teatro, da literatura, do cinema — que para ele se identificava "com a liberdade do homem quanto à mecanização", uma batalha de "política indireta". Contudo nos anos 1960 as discussões sobre teatro estavam espalhadas pelo mundo.

Os primeiros anos da década de 1960 são ricos de fermentação teatral: desde 1964 The Living Theatre estava em turnê; em maio de 1965 é lançada na revista *Sipario* a pesquisa intitulada "Gli scrittori e il teatro" [Os escritores e o teatro]; em outubro de 1966 Alberto Moravia, Enzo Siciliano, Dacia Maraini e o próprio Pasolini criam Il Porcospino, uma companhia de escritores e atores, com o diretor teatral Roberto Guicciardini. No primeiro número de *Nuovi Argomenti* de 1967 será publicada uma breve intervenção de Moravia, "La chiacchiera a teatro" [A tagarelice no teatro]; no último, a tragédia pasoliniana *Pilade* e em 1968 o famoso "Manifesto por um novo teatro".[2]

A palavra "*chiacchiera*" (tagarelice) usada por Moravia constará no manifesto de Pasolini, indicando não só as trocas

1 Matteo Veronesi. "Antinomie dela tragedia nella modernità letteraria italiana. Alfieri, Manzoni, Pasolini, Testori", in N. Novello (org.), *Tràgos. Pensiero e poesia nel tragico*. Údine: Campanotto, 2014, p. 141.

2 Anna Panicali. "Il teatro di parola: mito e rito", in Elena Fabbro (org.), *Il mito tragico nell'opera di Pasolini*. Údine: Forum Editrice, 2006, p. 45.

entre os dois escritores como também a participação de ambos nas discussões. Ao se referir a Moravia Gianni Turchetta aponta para a centralidade da "palavra" em ambos, afirmando que "Moravia pretende [...] realizar um teatro 'dialético' e de palavra, compreendido como um teatro em que as peripécias contam pouco, mas que desenvolve no palco um debate de ideias".[3]

Um dos marcos centrais dessas discussões foi o Congresso per un Nuovo Teatro, ocorrido na cidade de Ivrea entre 9 e 12 de junho de 1967 e precedido pela divulgação de um documento contundente, "Per un convegno sul Nuovo Teatro" [Para um congresso sobre o Novo Teatro], publicado na revista *Sipario*[4] e assinado por escritores, críticos, diretores e artistas que surgiam na cena cultural contemporânea italiana.[5] As denúncias iam do atraso do teatro italiano em relação ao cenário internacional à ingerência política e burocrática. Opondo-se à involução das estruturas e dos temas, o texto propunha a prática da experimentação, entendida como contestação absoluta e global do teatro oficial.

Em "Manifesto por um novo teatro" a antagonista mais evidente — como em toda sua obra — é a burguesia italiana. Burguesia esta nomeada como *doença* pelo seu caráter contagioso, alastrando-se como fogo, devorando todas as classes sociais e outros jeitos de viver que não o dela. O termo escolhido por Pasolini para a descrever foi "*omologazione*" (homogeneização), isto é, o gradativo e cada vez mais acelerado movimento pelo *padrão único* instigado e aplaudido pela sociedade de consumo e que vai do modo de viver ao de pensar, passando pelo modo de sentir, gramscianamente expresso na língua. O segundo ponto

3 Gianni Turchetta, "La tautologia in scena e la morte del fato: il Teatro di Parola di Alberto Moravia", in *A. Costazza (org.), La filosofia a teatro: Milano, 22-24 aprile 2009*. Milão: Cisalpino, 2010, p. 395.

4 Neste mesmo número de *Sipario* é publicado o artigo de Pasolini "Amo troppo scrivere per il teatro" [Adoro escrever para o teatro] (n. 247, nov. 1966).

5 Entre muitos outros, Corrado Augias, Giuseppe Bertolucci, Marco Bellocchio, Carmelo Bene, Cathy Berberian, Sylvano Bussotti, Liliana Cavani, Leo de Berardinis, Roberto Guicciardini, Emanuele Luzzati e Luca Ronconi.

nevrálgico do manifesto (insistindo, e de tudo o que fez Pasolini) é a língua — em particular a maneira como historicamente foi tratada a oralidade na Itália e os efeitos causados na língua do teatro (mas também na da literatura).

O manifesto, porém, inicia-se com a declaração da ruptura com tudo o que até aquele momento considerou-se teatro:

> Ao longo deste manifesto, Brecht nunca será nomeado. Ele foi o último homem do teatro que pôde fazer uma revolução teatral dentro do próprio teatro, e isso porque em seu tempo a hipótese era de que o teatro tradicional já existisse (e de fato existia). Agora, como veremos através dos parágrafos deste manifesto, a hipótese é de que o teatro tradicional não existe mais (ou que está deixando de existir). Na época de Brecht, as reformas podiam então ser realizadas, mesmo as mais profundas, sem questionar o teatro, ou melhor, o objetivo dessas reformas era tornar o teatro verdadeiramente teatro. Hoje, por outro lado, o que se questiona é o próprio teatro. O propósito deste manifesto é, portanto, paradoxalmente, o seguinte: o teatro deveria ser o que o teatro não é. Porém, é claro que os tempos de Brecht acabaram para sempre.[6]

Aos espectadores desse novo teatro Pasolini faz uma advertência direta sem ainda ter a real dimensão do modo como suas peças serão lidas e vistas: "Venham assistir às apresentações do 'teatro de palavra' mais com a ideia de ouvir do que de ver (restrição necessária para compreender melhor as palavras que ouvirão *e, portanto, as ideias, que são as verdadeiras personagens desse teatro*)".[7]

6 Pier Paolo Pasolini, "Manifesto por um novo teatro", presente neste volume, p. 249.

7 Id., ibid., p. 300

Orgia foi a única das tragédias que seu autor viu ser montada, dirigida pelo próprio Pasolini no espaço do Teatro Stabile de Turim, onde as experiências de vanguarda do grupo da *arte povera* aconteciam. Não foi bem recebida nem pelo público nem pela crítica.[8] No programa que circulou pelas mãos dos que iam assistir à *Orgia* são fornecidas informações sobre a gênese da obra, sobre outros trabalhos que foram desenvolvidos em concomitância e comentários que são antecipações a possíveis críticas a esse novo teatro — na verdade comentários sobre o modo de fazer teatro, de pensar teatro que, Pasolini sabe, tornarão sua dramaturgia indigesta e nada amada:

> Tendo sido *Orgia* a primeira obra teatral (depois de um longo período de ódio ao teatro, o que não significa que tenha se acalmado), quanto à minha "ideologia" teatral amadurecida em seguida, essa peça apresenta duas características "defeituosas":
>
> 1) Conserva hábitos de escritor lírico, que considera o monólogo o mais teatral entre todos os eventos teatrais.
> 2) Conserva traços da "ação": aquela miserável "ação" hoje monopolizada pelo cinema, pela televisão e pelo teatro gestual.

Os defeitos apontados são claramente duas questões teóricas importantes: a rejeição da dramaturgia contemporânea italiana, valendo-se de sua experiência de poeta, ao mesmo tempo que sua poesia será transformada por essa experiência; e o teatro sem ação que seria o teatro de palavra, um *teatro de poesia* portanto.

Ainda no programa Pasolini convoca seu público a não se abandonar ao puro entretenimento, não ceder ao fascínio da

8 A estreia aconteceu em 27 de novembro de 1968 numa temporada que durou menos de um mês. Entre os intérpretes estava Laura Betti; a música era de Ennio Morricone; e a cenografia minimalista foi realizada por Mario Ceroli. A peça foi ainda montada em três outras salas em Turim.

tagarelice ou do gesto. São informações — "informações" é o subtítulo desse trecho do programa — que esperam ou pressupõem uma situação de igualdade entre público e autor, um desejo comum de transformação e de empenho intelectual que reuniria intelectuais e operários "avançados": "Os destinatários do novo teatro não serão os burgueses que geralmente constituem o público do teatro; ao invés disso, serão os grupos avançados da burguesia". Esse trecho deixa de ser contraditório — a burguesia era afinal a *doença* por excelência — caso se leve em conta a ideia de público embutida na ideia do novo teatro.

A última informação do programa a ressaltar é sobre a concomitância entre a elaboração da peça *Orgia* e a escrita do ensaio sobre cinema "La lingua scritta della realtà" [A língua escrita da realidade],[9] que faz parte do mesmo quadro "pansemiológico" de seus interesses. Se, diz Pasolini, *Orgia* "no início era pura e simplesmente relação sadomasoquista, existencial, entre um homem e uma mulher", e "tinha como tema a relação da diversidade, existencial, com a história", disso resultou uma "teorização da comunicação sexual como linguagem, como parte da linguagem primária da ação ou da presença física".[10] É portanto na união do tema — o sexo sadomasoquista como "diversidade" — com o interesse de Pasolini pelas questões pansemiológicas que se delineiam a força e os embates de suas tragédias.

Para falar sobre esse teatro, sobre a experiência linguística do "teatro de palavra", há que se frisar que Pasolini nasce publicamente como poeta. Seu primeiro livro, *Poesie a Casarsa* [Poemas em Casarsa] (1942), é a expressão do mergulho na *tradição* da poesia (não só italiana) e na *experimentação*. Jovem e ávido leitor dos poetas clássicos, românticos e modernos, será em Casarsa — cidade originária de sua mãe, onde viveu nos anos

9 O texto faz parte do livro *Empirismo eretico [1964-1971]*, publicado em 1972. Dividido em três seções, língua, literatura e cinema, esse volume é a principal fonte para as reflexões semiológicas do autor. Ver Pier Paolo Pasolini, *Saggi sulla letteratura e sull'arte*, org. Walter Siti e Silvia De Laude. Milão: Arnoldo Mondadori Editore, 1999, pp. 1.245-683.

10 Id., *Teatro*, org. Walter Siti e Silvia De Laude. Milão: Arnoldo Mondadori Editore, 2001, p. 315.

da guerra em contato com a terra e os camponeses do lugar — que se encontrará com o dialeto friulano, língua de todo dia dos camponeses e inspiração daqueles poemas.

A operação de Pasolini com o dialeto friulano é marcadamente *experimental*. Os poemas são escritos em um friulano recriado pelo poeta — em uma solução *artificial*, portanto *experimental*, já que o dialeto era fundamentalmente falado. A experimentação prossegue: esses poemas são acompanhados ao pé da página por uma versão em prosa em italiano.

O livro foi resenhado em 1943 por Gianfranco Contini, nome importante na cultura literária da época, no *Corriere del Ticino*, um jornal suíço. O livro publicado em plena vigência do fascismo recebeu pouquíssima atenção da crítica italiana regida pela proibição estatal do uso e difusão do dialeto em nome de uma Itália nacional e de língua única como sua expressão. É Contini quem indicará a Pasolini com essa resenha o sentido político do seu envolvimento com as questões de língua e da oralidade.[11]

O que Contini encontrou no pequeno livro? Uma reflexão nova e particular sobre a poesia dialetal ou sobre as relações entre língua e dialeto, além de uma nova poesia.[12] Um dos grandes poetas modernos, Eugenio Montale, toca justamente nesse ponto:

> De Bolonha Pasolini escreve poesia no dialeto materno [...] e em italiano, hoje entre as mais interessantes [...], que fazem dele o expoente mais caloroso de um febrilismo friulano que é um fato novo em nossa cultura porque usa conscientemente o dialeto como gênero literário apto para obter uma poesia diversa.[13]

11 Ver Vinícius Nicastro Honesko, "Uma língua desperta: Pasolini, a experiência poética e uma consciência histórica", in Maria Betânia Amoroso e Cláudia Tavares Alves (orgs.), *Um intelectual na urgência: Pasolini lido no Brasil*. São Paulo/Campinas: Editora Unesp/Editora Unicamp, 2022, pp. 75-94.

12 Ver Eduardo Sterzi "Pasolini e a língua da poesia", in id., ibid., pp. 57-74.

13 Eugenio Montale. *Corriere della Sera*, 15/1/1953.

Ao lado dessa poesia em dialeto, nasce também a experiência de Pasolini muito precoce com o teatro. Entre as peças escritas duas são particularmente importantes para este texto por apontarem não só para a longa permanência do gênero no conjunto de sua obra, mas também por precocemente atestarem o sentido experimental que a linguagem do teatro franqueava ao escritor.

A peça de 1942, portanto anterior à publicação do *Poemas em Casarsa*, *Edipo all'Alba* [Édipo ao amanhecer] é uma tragédia — como serão as escritas entre 1965 e 1974[14] — na qual Pasolini constrói uma versão do mito tendo como personagens Édipo, Antígona, Ismênia, Ménades e o Coro. Foi escrita em versos. Sobre o texto Siti e De Laude comentam:

> A estranheza estilística do texto não deve ser atribuída, acreditamos, à inexperiência (por parte de um autor que naqueles mesmos meses estava escrevendo *Poemas em Casarsa*), mas a uma vontade experimental: como se Pasolini procurasse por uma "língua trágica", tendendo ao extremo, até a ruptura, a urdidura da prosa da arte contemporânea, sujeitando os estilemas da poesia hermética à busca consciente por um peso maior de sombras e arcaísmos.[15]

Esse mesmo comentário poderia ser feito sobre *Bestia da stile* [Animal de estilo], tragédia muito posterior em que a busca por uma "língua trágica" persiste assim como é ainda maior a radicalização na procura por uma outra língua para o exaurido teatro italiano. Voltarei a isso.

O drama histórico *I Turcs tal Friul* [Os turcos no Friul] (1944) foi considerado por seu autor uma das melhores coisas que escreveu em friulano. O episódio histórico ocorrido

14 As seis últimas tragédias foram *Orgia*, *Pilade*, *Affabulazione* [Afabulação], *Porcile* [Pocilga], *Calderón* e *Animal de estilo*.

15 P.P. Pasolini, op. cit., 2001, p. 1.118.

em 1499 do qual parte a ideia para o drama foi a invasão da região do Friul pelos turcos e da qual Casarsa foi preservada. Há entretanto evidentes referências à atualidade, 1944, sobrepondo a invasão turca à ocupação alemã que ocorreu na região naqueles anos da guerra. É da ordem da urgência histórica, da contemporaneidade, que portanto surge esse procedimento formal da sobreposição dos tempos históricos, vistosamente recorrente nos textos dramatúrgicos de Pasolini, mas também em roteiros como *Porno-Teo-Kolossal* ou em narrativas como *Petrolio* [Petróleo].

Toda a década de 1950 continua sendo a da produção e estudos sobre poesia e língua: em continuidade às atividades de crítico-filólogo-poeta em Casarsa, escreve dois estudos de fôlego: as introduções de *Poesia dialettale del Novecento* e a *Canzioniere italiano* e *Antologia dela poesia Popolare*. Escreve ainda dois romances sobre a vida de jovens da periferia de Roma, cidade onde irá morar a partir de 1950, recriando literariamente o romanesco: *Ragazzi di vita* [Meninos de rua] (1955) e *Una vita violenta* [Uma vida violenta] (1959). Em *La meglio gioventù* [A melhor juventude] (1954) organiza uma coletânea com novos poemas em friulano e com outros publicados anteriormente.

Um longo período se passa sem recorrer aos dialetos. Retornará ao friulano com os poemas de *La nuova gioventù* [A nova juventude] (1974), resultado de outro procedimento comum a Pasolini, o de retomar um texto, um livro ou poemas e "atualizá-los" ou como no caso dos filmes da Trilogia da Vida (1971-1974) abjurá-los. Esses saltos cronológicos marcados por retornos que mostram o tempo em suspensão são um modo de indicar que, embora a atenção à língua tenha permanecido, o modo de a compreender altera-se.

Em 1964 Pasolini faz a famosa conferência intitulada "A nova questão da língua". O título sublinhava que a língua na Itália já tinha sido um problema e como problema se reapresentava no presente. A discussão que atravessou séculos (encontrada nos manuais como "A questão da língua") fazia um diagnóstico resumível em alguns pontos críticos: a variedade linguística que passou a ser considerada como a da cultura nacional apresentava em si o problema de não existir no país unidade política; essa língua foi alicerçada sobre um dialeto, o florentino, porém estabilizada pelo seu uso literário por escritores de prestígio; tendo sido o dialeto a base tratava-se de uma língua não falada, por essa razão destinada a perder sua força e vitalidade expressiva e por fim na sua dependência da literatura era uma língua artificial, frequentada por poucos, isto é, não se constituía em uma língua coletiva.

No artigo de 1964, ao declarar que existe uma nova questão, Pasolini não só reconhece o funcionamento problemático dessa língua unificada pelos escritores como estabelece a vigência de mais de um italiano: o italiano médio, língua de uma classe social, a pequena burguesia; o italiano literário, usado para escrever; e o italiano instrumental, para falar. Todos entretanto são *funcionais* quanto aos interesses e ao espírito de uma classe e *falsos* no que diz respeito a toda a sociedade restante: o italiano literário faz parte do domínio da tradição; o italiano instrumental responde ao pragmatismo da comunicação imediata. Essa era a situação até os anos 1950 para escritores e falantes. Ao lado disso também afirmava categoricamente — embora tenha escrito que suas pesquisas estavam apenas no início — que pela primeira vez estava nascendo o italiano nacional, a variedade linguística resultante do deslocamento do centro de poder de Florença e Roma para Milão e Turim, cidades industrializadas e tecnologizadas. Depois desse preâmbulo chega ao núcleo da atual questão linguística. Identifica uma crise que trazia algo novo e definitivo: o fim "do mandato do escritor", do empenho político, um dos temas centrais de *Animal de estilo*.

Segundo Pasolini o horizonte de crise global — social, linguística, cultural e política — a partir da década de 1960 é amplo e devastador, anunciado pela palavra "caos", título de sua coluna em um periódico a partir de agosto de 1968; apenas três anos antes outra coluna tinha como título "Diálogos com Pasolini". Sobre diálogos interrompidos entre gerações há ainda o poema "Il PCI ai giovani!" [O PCI aos jovens!].[16] Na nota que antecede *Animal de estilo* essa crítica não só é visível como se estende ao teatro contemporâneo e é tão estridente como a do filme *Salò, ou os 120 dias de Sodoma* (1975) sobre as relações (política e existencialmente pornográficas) entre poder e sexualidade. Diz a nota:

> A Itália é um país que se torna cada vez mais estúpido e ignorante. Retóricas cada vez mais insuportáveis têm sido cultivadas. Não existe, aliás, conformismo pior do que o de esquerda, principalmente, é claro, quando a direita também se apropria dele. O teatro italiano, nesse contexto (no qual a regra é o protesto), encontra-se culturalmente no limite mais baixo. O velho teatro tradicional está cada vez mais repugnante.[17]

Deixando de lado a tentação de ler a nota como um ato de visionarismo não só para o futuro da Itália como para o do planeta, ao se manifestar sobre o teatro e se dedicar às tragédias Pasolini está dando continuidade às análises e reflexões que foram tecidas nas décadas anteriores, do mesmo modo que a volta ao dialeto friulano no livro *A nova juventude* endossa o mesmo sentido: retornar ao dialeto sem idílio e sem esperança, como experimentação.

Laura Nascimben comenta a "experiência linguística do teatro de palavra" analisando *Animal de estilo* e em particular o episódio em que Pasolini dá voz ao Espírito da Mãe:

> Pasolini deixa a cargo da voz do Espirito da Mãe, no sétimo episódio de *Animal de estilo*, um dialeto inventado que possui o sabor de um

16 Quanto às repercussões e sentidos do poema, tomo a liberdade de indicar meu texto "Os jovens e o poder", in Maria Betânia Amoroso. *Pier Paolo Pasolini*. São Paulo: Nós, 2022, pp. 81-102.

17 Pier Paolo Pasolini, *Animal de estilo*, presente neste volume, p. 111.

> italiano regional setentrional deformado, denso de traços semicultos e com sonoridade popular. Esse parece ser o único momento do teatro de Palavra em que o dialeto faz sua irrupção em cena, um momento significativo porque o dialeto surge não na forma de idioma real, mas de língua inventada. E é significativo como ao centro do monólogo o Espírito muda repentinamente de registro para adotar o que designa como uma "linguagem artificial". [...] Por contraposição entre um dialeto inventado e uma língua artificial a pesquisa da língua adquire importância ao interno do próprio teatro. O autor escolhe uma voz do além, de um espírito, para tornar a língua objeto de enunciação metateatral [...].[18]

As considerações que se seguem frisam que essa passagem — do dialeto à língua artificial — não diz respeito somente à experiência do teatro mas à autobiografia do escritor pela contínua busca por novas formas, ressaltando o que é da maior importância e mesmo definitivo na sua dramaturgia, "o pouco respeito por um italiano *standard* e prevalentemente comunicativo, pouco capaz de expressar as vozes cotidianas".[19] As enormes dificuldades para os dramaturgos foram resumidas por Marisa Rusconi, jornalista e escritora italiana, em resposta à pesquisa "Os escritores e o teatro" (1965) nas frases: "A língua? Quem puder que invente uma".[20]

A partir dos anos 1960, em particular com a difusão da televisão, a língua italiana média finalmente passa a existir, mas ela pouco interessa a Pasolini como escritor ou dramaturgo. Edi Liccioli indica a direção antimimética de Pasolini em relação à

18 Laura Nascimben, "Riflessioni sull'esperienza linguistica del teatro di Parola", in Stefano Casi, Angela Felice e Grerado Guccini (orgs.), *Pasolini e il teatro*. Veneza: Marsilio Editori, 2012, p. 83.

19 Id., ibid.

20 M. Rusconi, "Tre domande agli intellettualli". *Sipario*, n. 229, maio 1965, p. 1, apud id., ibid., p. 85.

fala na comunicação real, utilizando em seu teatro um italiano que soa naquelas alturas, e hoje mais ainda, uma versão antiga, pertencente a um passado não muito distante mas que tinha sido atropelado pela massificação: a língua se "torna, nem mais nem menos, um dialeto em relação à padronização linguística em ato".[21] Longe portanto de mimetizar a linguagem das ruas — esse é também o sentido de sua manifestação contra a tagarelice (*chiacchiere*) — não há como escapar dos problemas que a oralidade trazia para os atores e dramaturgos.

Na resposta a uma leitora da revista em 18 de março de 1965, em sua coluna na revista *Vie Nuove*, Pasolini comenta sobre a língua do teatro italiano, sobre a pronúncia falsa e convencional dos atores, perguntando-se como garantir expressividade à "monstruosa língua média falada" que na verdade nenhum espectador falava. Quando publicado, o artigo recebeu o título "O italiano 'oral' e os atores". Resumindo drasticamente sua argumentação, ao explicar à leitora o que pensava depois de traçar paralelo entre o tempo da poesia e o tempo do teatro, Pasolini descreve a não sincronicidade da língua do teatro contemporâneo na Itália e as tentativas de combatê-la como nada eficientes, cabendo ao ator supri-las de formas caricaturais — com gestos ou movimento dos corpos ou ainda imitando pronúncias locais. Finaliza afirmando que há na atualidade poucos exemplos dessa sincronicidade, como no teatro feito pelo "grande" dialetal Eduardo De Filippo e nos textos escritos para Laura Betti, estes últimos na realidade dramatizações ou paródias do problema teatral e sobre que língua usar no teatro.[22]

Stanislas Nordey, ator e diretor de teatro francês, concedeu uma importante entrevista intitulada "O corpo do texto" a Walter Siti, um dos organizadores do volume *Teatro*, parte da obra completa de Pasolini, publicado em 2001. Nordey vincula diretamente a experiência pasoliniana com o teatro à poesia e à particular atenção do poeta-dramaturgo ao ritmo dos versos

21 Laura Nascimbem, op. cit., p. 86.

22 Pier Paolo Pasolini. *Le belle bandiere*. Roma: Editori Riuniti, 1978, pp. 309-12. Entre os escritores que escreveram textos para a atriz Laura Betti está o próprio Pasolini.

das tragédias, os quais incidem diretamente sobre os corpos dos atores como nas tragédias gregas:

> É um retorno ao teatro grego, em que a poesia tinha muita força [...]. Gosto dos versos porque me parece que constroem o pensamento.
>
> [...] Pasolini punha em jogo corpo e pensamento ao mesmo tempo, impossível distingui-los em seu modo de ser. No início, temi que fosse um teatro de tagarelice, um daqueles teatros que contrapõem ideias e não personagens, nada de carne, mas muito cedo entendi que as ideias que Pasolini empresta a suas personagens são de tal modo nutridas pela sua própria carne que tudo ganha vida, existe uma alquimia misteriosa [...] que realmente não acredito que se trate de um teatro didático, justamente porque há sempre um mistério por trás.[23]

Nordey escolhe a primeira cena de *Animal de estilo*, texto que é uma espécie de síntese da poética do poeta-dramaturgo, como realização da indissociável aliança entre corpo e texto, acrescentando ainda o caráter político envolvido nesse teatro: "Por exemplo, a primeira cena de *Animal de estilo*, a de Jan no campo[24] é uma espécie de manifesto do que poderia ser um teatro no qual a ideia e o corpo ocupam o mesmo espaço, porque são o resultado de uma luta interior que é corporal e política ao mesmo tempo".[25] Diz ainda perceber o lúdico — não cita, mas também há ironia — não só no teatro, mas nas últimas produções, sobretudo nos textos escritos na década de 1970. Para Nordey Pasolini "convida o leitor a entrar na

23 Id., op. cit., 2001, pp.XXX-XXXI. Stanislas Nordey montou *Animal de estilo* (1991), *Calderón* (1993), *Pilade* (1993), *Porcile* (1999) e *Affabulazione* (2015). Em 2003 atuou como ator em *Orgia*.

24 Nesta cena, Jan, o protagonista da peça, se masturba em meio à natureza e faz seu primeiro discurso político.

25 Id., op. cit., 2001, p.XXXI.

brincadeira, um convite ao travestimento, ao cabaret etc", ou seja, um convite à ironia.

Distante de Gramsci[26] e diante do mal-estar crescente em relação à Itália, definitivamente embarcada na sociedade de massa e de consumo, em conhecida entrevista Pasolini dirá: "Detesto tudo o que diz respeito ao consumo que abomino no sentido físico da palavra".[27] As transformações últimas em sua poética que sem dúvida foram alcançadas também graças ao seu interesse pelo teatro começaram a se delinear a partir de 1966 quando Pasolini iniciou, impulsionado pela releitura dos trágicos gregos, o ciclo mítico de sua produção. Indícios — como a frase acima citada — levam a supor que o renovado interesse pelo teatro foi contemporâneo à sua recusa extrema das formas assumidas pela comunicação. Nas seis tragédias não há grande ação cênica ou grande cenografia, em sintonia ou como expressão da intolerância de Pasolini frente à espetacularidade.

Após uma das apresentações de *Orgia* Pasolini abre o debate com o público. Didaticamente, nas vestes de pedagogo nunca abandonadas, responde às perguntas que lhe são feitas uma a uma com atenção, persistência e na defesa de seus princípios teatrais e políticos. Da parte da plateia os que se manifestam todos declaram estranhamento, dificuldade em seguir o que era dito no palco, de entender as palavras e o que estavam vendo. As partes em debate não se reconhecem nas palavras do outro e se contestam, mas o exercício em si é exemplarmente democrático. Em suas respostas Pasolini *contesta a contestação*, que como toda manifestação sob o neocapitalismo é por ele absorvida e com mais eficiência transformada em reinvindicação própria do capital:

26 É de 1957 o poema "*Le ceneri di Gramsci*" [As cinzas de Gramsci], uma declaração dolorosa sobre suas divergências em relação ao filósofo italiano. Alguns versos são ainda repetidos como um mantra: "O escândalo de me contradizer, de estar/ com e contra ti; contigo no peito,/ à luz, contra ti nas negras entranhas" (Id., *Poemas*, org. Alfonso Berardinelli e Maurício Santana Dias, trad. e notas Maurício Santana Dias, posfácio Maria Betânia Amoroso. São Paulo: Cosac Naify, 2015, p. 67).

27 Id., *Il sogno del centauro*. Roma: Editori Riuniti, 1993, p. 44.

> Se eu fizesse uma obra fácil, para o povo, estaria errado, porque não estaria me dirigindo mais ao povo, mas a esta nova noção indefinível [...], à massa. Estaria realizando uma ação absurda, contra a qual me rebelo, porque me rebelo contra a cultura de massa. Porque sei que a cultura de massa é antidemocrática.[28]

Quer se considere o teatro de Pasolini sob a predominância da autobiografia — dada como chave de leitura pelo próprio autor na nota inicial a *Animal de estilo* já citada — ou como metateatro, entender principalmente as tragédias como autobiográficas faz sentido, já que os temas que perpassam todas elas tocam situações existenciais da biografia de Pasolini em contraste com a história. Justamente por serem autobiográficas exigiram do próprio autor que se dedicasse a atualizá-las nos anos em que as elaborava e reelaborava. Porém, também faz sentido atentar para presença de uma teoria do (ou para o) teatro — metateatro — que contudo não está somente no manifesto ou manifestações sobre o gênero, mas está com mais força talvez nas próprias peças: a personagem Jan, de *Animal do estilo*, é chamada ao final da peça de Metajan. O grau da ruptura proposto por sua dramaturgia emerge se realmente é dada atenção, uma enorme atenção, às palavras: teatro da oralidade construída para ser vista e ouvida como dissonância.

Portanto não há atividade criativa em Pasolini que não seja também atividade crítica, assim como não há texto, filme, pintura que não esteja imerso na história. Com sua produção teatral tem-se o convite para entender todo o conjunto da sua obra como uma forma de ensaio, de reflexão ensaística, parte interligada e dialogante com todo o conjunto de sua produção.

28 Id., op. cit., 2001, p. 330.

Manifesto por um novo teatro

Pier Paolo Pasolini

(Tradução Cláudia Tavares Alves)

(AOS LEITORES)[1]

1 O teatro que vocês esperam, mesmo que como uma novidade total, nunca poderá ser o teatro que vocês esperam. De fato, se esperam um novo teatro, esperam que seja necessariamente no âmbito das ideias que vocês já têm. Além disso, uma coisa que é esperada de alguma forma já existe.

Nenhum de vocês, diante de um texto ou de uma performance, resiste à tentação de dizer "Isso É TEATRO" ou "Isso NÃO É TEATRO", o que significa que vocês já têm em mente, bem enraizada, uma ideia de TEATRO. Mas as novidades, mesmo que totais, como bem sabem, nunca são ideais, são sempre concretas. Então, sua verdade e sua necessidade são mesquinhas, irritantes e decepcionantes: ou não são reconhecidas ou são discutidas, trazendo-as de volta aos velhos hábitos.

Hoje, portanto, todos vocês esperam um novo teatro, mas todos já têm uma ideia em mente, concebida no seio do antigo teatro. Estas notas estão escritas sob forma de manifesto, de

1 "Manifesto per un nuovo teatro" foi publicado pela primeira vez na revista *Nuovi Argomenti*, v. 9, jan.-mar. 1968. Esta tradução segue a versão presente no volume *Saggi sulla letteratura e sull'arte*, da obra completa publicada pela coleção I Meridiani (org. Walter Siti e Silvia De Laude. Milão: Arnoldo Mondadori Editore, 2008, pp. 2.481-2.500). [N.T.]

modo que aquilo que expressam como novidade seja apresentado abertamente e talvez até autoritariamente como tal.

(Ao longo deste manifesto, Brecht nunca será nomeado. Ele foi o último homem do teatro que pôde fazer uma revolução teatral dentro do próprio teatro, e isso porque em seu tempo a hipótese era de que o teatro tradicional já existisse (e de fato existia). Agora, como veremos através dos parágrafos deste manifesto, a hipótese é de que o teatro tradicional não existe mais (ou que está deixando de existir). Na época de Brecht, as reformas podiam então ser realizadas, mesmo as mais profundas, sem questionar o teatro, ou melhor, o objetivo dessas reformas era tornar o teatro verdadeiramente teatro. Hoje, por outro lado, o que se questiona é o próprio teatro. O propósito deste manifesto é, portanto, paradoxalmente, o seguinte: o teatro deveria ser o que o teatro não é. Porém, é claro que os tempos de Brecht acabaram para sempre.)

(QUEM SERÃO OS DESTINATÁRIOS DO NOVO TEATRO)

2 Os destinatários do novo teatro não serão os burgueses que geralmente constituem o público do teatro; ao invés disso, serão os grupos avançados da burguesia.

Estas linhas acima, inteiramente dignas do estilo de um relatório, constituem o primeiro objetivo revolucionário deste manifesto.

Elas significam, de fato, que o autor de um texto teatral não escreverá mais para o público que sempre existiu; por definição, o público teatral; que vai ao teatro para se divertir e que, por vezes, fica escandalizado.

Os destinatários do novo teatro não se divertirão nem ficarão escandalizados com o novo teatro, porque eles, pertencentes aos grupos avançados da burguesia, são de todo modo iguais ao autor dos textos.

3 Uma senhora que frequenta os teatros da cidade, e nunca perde as principais "estreias" de Strehler, Visconti ou Zeffirelli, é fortemente aconselhada a não aparecer nas apresentações do novo teatro. Ou, se ela aparecer com seu simbólico, patético

casaco de vison, encontrará na entrada uma placa que diz que as senhoras com pele de vison são obrigadas a pagar trinta vezes mais no ingresso do que o preço normal (que será muito baixo). Ou, em tal placa, estará escrito que os fascistas (desde que tenham menos de 25 anos) terão entrada livre. E, além disso, uma oração será lida: não aplaudir: assobios e desaprovações serão naturalmente permitidos, mas, em vez de eventuais aplausos, será exigida ao espectador aquela confiança quase mística na democracia que permite um diálogo, totalmente desinteressado e idealista, sobre os problemas colocados ou debatidos (um cânone suspenso!) do texto.

4 Entende-se por grupos avançados da burguesia os poucos milhares de intelectuais de cada cidade, cujo interesse cultural pode ser ingênuo, provinciano, mas real.

5 Objetivamente, são constituídos em grande parte por aqueles que se autodenominam "progressistas de esquerda" (incluindo os católicos que tendem a formar uma Nova Esquerda na Itália): a minoria desses grupos é formada pelas elites sobreviventes do laicismo liberal à la Croce e pelos radicais. É claro que esta lista é, e quer ser, esquemática e terrorista.

6 O novo teatro não é, portanto, nem teatro acadêmico,[2] nem teatro de vanguarda.[3]

Não se enquadra em uma tradição, nem consta nela. Simplesmente a ignora e a supera de uma vez por todas.

2 Teatros antigos ou modernos com poltronas de veludo. Companhias teatrais. Teatro estável (Piccolo Teatro) etc. N.T.: Os teatros estáveis surgiram na Itália após o fim da Segunda Guerra Mundial, opondo-se às companhias itinerantes de repertório por pretenderem estar diretamente ligados à realidade local. O Piccolo Teatro de Milão foi o primeiro teatro estável italiano, fundado em 1947.

3 Adegas, velhos teatros em desuso, canais secundários dos teatros estáveis etc.

(O TEATRO DE PALAVRA)

7 O novo teatro quer ser definido, mesmo que banalmente e em um estilo verbal, "teatro de palavra".

Sua incompatibilidade com o teatro tradicional ou com qualquer tipo de contestação ao teatro tradicional está, portanto, contida nessa autodefinição.

Ele não esconde[4] que se refere explicitamente ao teatro da democracia ateniense, ignorando completamente toda a tradição moderna do teatro renascentista e de Shakespeare.

8 Venham assistir às apresentações do "teatro de palavra" mais com a ideia de ouvir do que de ver (restrição necessária para compreender melhor as palavras que ouvirão *e, portanto, as ideias, que são as verdadeiras personagens desse teatro*).

(A QUE SE OPÕE O TEATRO DE PALAVRA)

9 Todo o teatro que existe pode ser dividido em dois tipos. Esses dois tipos de teatro podem ser definidos — de acordo com a terminologia séria — de diferentes maneiras, por exemplo: teatro tradicional e teatro de vanguarda; teatro burguês e teatro antiburguês; teatro oficial e teatro de protesto; teatro acadêmico e teatro *underground* etc. etc. Mas, ao invés dessas definições sérias, preferimos duas definições vivas, a saber: a) teatro da tagarelice (aceitando assim a brilhante definição de Moravia); b) teatro do Gesto e do Grito.

Para nos entendermos logo: o teatro da tagarelice é o teatro em que a tagarelice, justamente, substitui a Palavra (por exemplo, em vez de dizer, sem humor, sem senso de ridículo e sem boa educação, "eu queria morrer", se diz amargamente "boa noite"); o teatro do Gesto ou do Grito é o teatro em que a palavra é completamente profanada, na verdade destruída, em favor da presença física pura (cf. mais adiante).

10 O novo teatro se define como "Palavra" para se opor, então:

4 Com candor neofítico.

I ao teatro da Tagarelice, o que implica uma reconstrução ambiental e uma estrutura espectacular naturalista, sem a qual:

a os acontecimentos (assassinatos, roubos, balés, beijos, abraços e contracenas) seriam irrepresentáveis;

b dizer "Boa noite" em vez de "Eu queria morrer" não faria sentido porque faltaria a atmosfera da realidade cotidiana.

II Para se opor ao teatro do Gesto ou do Grito, que contesta o primeiro tipo destruindo as estruturas naturalistas e dessacralizando os textos, mas dos quais não se pode abolir o dado fundamental, isto é, a *ação cênica* (que leva, de fato, à exaltação).

Dessa dupla oposição deriva uma das características fundamentais do "teatro de palavra": isto é, (como no teatro ateniense) a *falta quase total de ação cênica*.

A falta de ação cênica implica naturalmente *o desaparecimento quase total da encenação* — luzes, cenografia, figurinos etc.: tudo será reduzido ao indispensável (já que, como veremos, nosso novo teatro não poderá não continuar a ser uma forma, mesmo que nunca experimentada, de RITO. E, então, um acender ou apagar de luzes, indicando o início ou o fim da apresentação, nunca poderá existir).

II Tanto o teatro da Tagarelice[5] como o teatro do Gesto ou do Grito[6] são dois produtos de uma mesma civilização burguesa. Eles têm em comum o ódio pela Palavra.

O primeiro é um ritual em que a burguesia se vê refletida, idealizando-se mais ou menos, mas sempre se reconhecendo.

O segundo é um ritual em que a burguesia (restaurando através da sua cultura antiburguesa a pureza de um teatro religioso), por um lado, se reconhece como produtora dele mesmo (por razões culturais), por outro, experimenta o prazer da provocação, da condenação e do escândalo (através do qual, finalmente, obtém apenas a confirmação das suas próprias convicções).

5 De Tchekhov a Ionesco ao horrível Albee.

6 O esplêndido Living Theatre.

12 Ele (o teatro do Gesto ou do Grito) é, portanto, o produto da anticultura burguesa[7] que entra em polêmica com a burguesia, usando contra ela o mesmo processo destrutivo, cruel e dissociado que foi usado (juntando a prática e a loucura) por Hitler, nos campos de concentração e extermínio.

13 Se tanto o teatro do Gesto ou do Grito como o nosso teatro de Palavra são ambos produtos de grupos culturais antiburgueses da burguesia, qual é a diferença entre eles?

Aqui está: enquanto o teatro do Gesto ou do Grito tem como destinatária — talvez ausente — a burguesia a ser escandalizada (sem a qual ele seria inconcebível, como Hitler sem os judeus, polacos, ciganos e homossexuais), o teatro de Palavra, por sua vez, *destina-se aos mesmos grupos culturais avançados pelos quais é produzido.*

14 O teatro do Gesto ou do Grito — na clandestinidade *underground* — procura com seus destinatários uma cumplicidade de luta ou uma forma comum de ascetismo: em suma, não representa, portanto, para os grupos avançados que o produzem e desfrutam dele como destinatários, nada além do que uma *confirmação*, ritual, das próprias convenções antiburguesas: a mesma confirmação ritual que representa o teatro tradicional para o público médio e normal com suas próprias convicções burguesas.

Pelo contrário, nos espetáculos do teatro de Palavra, mesmo que haja muitas confirmações e verificações (não é à toa que autores e destinatários pertencem ao mesmo círculo cultural e ideológico), haverá sobretudo uma troca de opiniões e ideias, em uma relação muito mais crítica do que ritual.[8]

7 De Artaud ao Living Theatre, principalmente, e a Grotowski, este teatro deu provas muito altas.

8 Não significa, é claro, que os mesmos grupos culturais avançados não fiquem às vezes escandalizados e, sobretudo, decepcionados. Especialmente quando os textos estão com o cânone suspenso, ou seja, apresentam problemas sem pretender resolvê-los.

(DESTINATÁRIOS E ESPECTADORES)

15 Seria possível uma coincidência, prática, entre destinatários e espectadores?

Acreditamos que, na Itália, os grupos culturais avançados da burguesia já podem formar inclusive numericamente um público, produzindo assim praticamente o seu próprio teatro: o teatro de Palavra constitui, assim, na relação entre autor e espectador, um fato completamente novo na história do teatro.

Isso se dá pelas seguintes razões:

a o teatro de Palavra é — como vimos — um teatro que se tornou possível, exigido e apreciado no círculo estritamente cultural dos grupos avançados de uma burguesia.

b consequentemente, ele representa o único caminho para o renascimento do teatro em uma nação cuja burguesia é incapaz de produzir um teatro que não seja provinciano e acadêmico, e cuja classe operária é absolutamente estranha a esse problema (e, portanto, sua possibilidade de produzir em seu próprio âmbito um teatro é apenas teórica: teórica e *retórica*, como mostram todas as tentativas de "teatro popular" que tentaram alcançar *diretamente* a classe operária).

c o teatro de Palavra — que, como vimos, supera qualquer relação possível com a burguesia e se dirige apenas a grupos culturais avançados — é o único que pode alcançar, não por tomada de posição ou retórica, mas realisticamente, a classe operária. *Ela está de fato unida por uma relação direta com os intelectuais avançados*. Essa é uma noção tradicional e inevitável da ideologia marxista e sobre a qual tanto os hereges quanto os ortodoxos só podem estar de acordo, como um fato natural.

16 Não interpretem mal. Não é um operaísmo dogmático, stalinista, togliattiano ou mesmo conformista que está sendo evocado aqui.

Está sendo evocada, na verdade, a grande ilusão de Maiakóvski, de Iessiênin e dos outros grandes jovens comoventes que atuaram como eles naquela época. O nosso novo teatro é idealmente dedicado a eles. Nenhum operaísmo oficial, portanto, mesmo que o teatro de Palavra vá com seus textos (*sem cenas, figurinos, musiquinhas, gravadores e mímica*) a fábricas e círculos culturais comunistas, talvez a salões com bandeiras vermelhas de 45.

17 Leiam os parágrafos 15 e 16 anteriores como os parágrafos fundamentais do presente manifesto.

18 O teatro de Palavra, que através deste manifesto está sendo definido, é, portanto, uma tarefa prática também.

19 Não se exclui que o teatro de Palavra experimente até espetáculos explicitamente dedicados aos destinatários operários, mas isso com um objetivo de fato experimental, porque a única forma correta de implicar a presença operária em tal teatro é a indicada no ponto c do parágrafo 15.

20 Os programas do teatro de Palavra — seja tarefa ou iniciativa — não terão, portanto, um ritmo normal. Não haverá prévias, estreias ou reapresentações. Serão preparadas duas ou três apresentações de cada vez, que serão realizadas ao mesmo tempo na própria sede do teatro e nos locais (fábricas, escolas, círculos culturais) onde os grupos culturais avançados, aos quais o teatro de Palavra se dirige, têm sede.

(PARÊNTESE LINGUÍSTICO: A LÍNGUA)

21 Que língua falam esses "grupos culturais avançados" da burguesia? Falam — como quase toda a burguesia hoje — o italiano, ou seja, uma língua convencional, cuja convencionalidade, no entanto, não surgiu "sozinha", por um acúmulo natural de lugares comuns fonológicos: ou seja, por tradição histórica, política, burocrática, militar, escolar e científica, além de literária. A convencionalidade do italiano foi estabelecida em um dado momento, abstrato (digamos 1870) e superior (primeiro pelas cortes, em um plano exclusivamente literário e em pequena parte diplomático, depois pelos piemonteses e pela primeira burguesia do *Risorgimento*, no plano estatal).

Do ponto de vista da língua escrita, essa imposição autoritária pode até parecer inevitável, embora artificial e puramente prática. De fato, houve uma indiscutível homogeneização do *italiano escrito* em toda a nação (geográfica e socialmente). Mas, quanto ao *italiano falado*, a aceitação da imposição nacionalista e da necessidade prática foi simplesmente impossível. Ninguém, aliás, pode ser insensível ao ridículo da pretensão de que uma língua *apenas literária* seja imposta por meio de normas fonéticas artificiais e eruditas a um povo de analfabetos (em 1870, os analfabetos eram mais de 90% da população). E, de qualquer forma, é fato que, se hoje um italiano *escrever* uma frase, ele a escreverá do mesmo jeito em qualquer lugar geográfico ou nível social da nação, mas, se a *disser*, ele a dirá de um jeito diferente de qualquer outro italiano.

(PARÊNTESE LINGUÍSTICO: A CONVENCIONALIDADE DA LÍNGUA ORAL E A CONVENCIONALIDADE DA DICÇÃO TEATRAL)

22 O teatro tradicional aceitou essa convencionalidade do italiano oral, instaurada, por assim dizer, por decreto. Ou seja, aceitou um italiano que não existe. Sobre essa convencionalidade, isto é, sobre o nada, o inexistente, o morto, ele fundou a convencionalidade da dicção. O resultado é repulsivo. Sobretudo quando o teatro puramente acadêmico se apresenta sob a forma mais "moderna" do teatro da Tagarelice. Por exemplo, o "Boa noite", que no nosso exemplo substitui o "Queria morrer" que não se diz, tem, na vida real do italiano oral, tantos aspectos fonéticos quantos são os grupos reais de italianos que o pronunciam. Mas, no teatro, tem uma única pronúncia (usada unicamente na dicção dos atores). No teatro, portanto, exige-se "tagarelar" em um italiano no qual, na realidade, ninguém conversa (nem mesmo em Florença).[9]

9 O texto, enfim, está de chinelos, enquanto o ator, inconsciente, está de coturnos (por isso, na Itália, o teatro é impopular até entre a burguesia, que não reconhece os chinelos de sua *koiné* dialetizada).

23 Quanto ao teatro de contestação (que aqui chamamos de Teatro do Gesto ou do Grito), o problema da língua oral ou não é apresentado, ou é apresentado apenas como um problema secundário. Nesse teatro, de fato, a palavra integra, de forma secundária, a presença física. E cumpre, então, sua função, geralmente, por meio de uma simples falsificação dessacralizante — ou seja, tende a imitar o gesto, sendo, portanto, pré-gramatical, até se tornar, justamente, interjetiva: gemido, vaia ou grito. Quando não se limita simplesmente a fazer a caricatura da convencionalidade teatral (fundada na convencionalidade impossível do italiano oral).

24 O teatro da Tagarelice teria, na Itália, uma ferramenta ideal: o dialeto e a *koiné* dialetizada.[10] Mas ele não usa essa ferramenta em parte por razões práticas, em parte por provincianismo, em parte por um estetismo inculto, em parte por servilismo em relação à tendência nacionalista dos seus destinatários.

(PARÊNTESE LINGUÍSTICO: O TEATRO DE PALAVRA E O ITALIANO ORAL)

25 O teatro de Palavra exclui, no entanto, na sua autodefinição, o dialeto e a *koiné* dialetizada. Ou, se os inclui, inclui de forma excepcional e em uma acepção trágica que os coloca no nível da língua culta.

26 O teatro de Palavra, portanto, produzido e consumido pelos grupos avançados da nação, não pode deixar de aceitar *escrever* textos nessa língua convencional que é o italiano escrito e lido (e apenas ocasionalmente assumir os dialetos, *puramente orais*, no nível das línguas escritas e lidas).

10 De fato, os únicos casos em que o teatro é tolerável na Itália são aqueles em que os atores falam ou o dialeto (o teatro regional, especialmente o vêneto e o napolitano, com o grande De Filippo) ou a *koiné* dialetizada (o texto de cabaré). Infelizmente, porém, em geral onde há dialeto ou *koiné* dialetizada, há quase sempre indiferença e vulgaridade.

27 Naturalmente, o teatro de Palavra deve aceitar também a convencionalidade do italiano oral: uma vez que seus textos são escritos para serem representados, ou seja, na prática, e por definição, *ditos.*

28 Trata-se, evidentemente, de uma contradição: a) porque, nesse caso específico (e essencial), o teatro de Palavra se comporta exatamente como o mais abjeto teatro burguês, aceitando uma convencionalidade que não existe: ou seja, a unidade de um italiano oral que nenhum italiano real fala; b) porque, enquanto o teatro de Palavra quer superar a burguesia, dirigindo-se a outros destinatários (intelectuais e operários), ao mesmo tempo ele acaba aceitando estar envolvido com a burguesia, pois somente através do desenvolvimento da atual sociedade burguesa é possível imaginar que se possam preencher as "lacunas vazias" da formação de uma convencionalidade fonética — histórica — do italiano e alcançar aquela unidade da língua oral que agora é abstrata e autoritária.

29 Como resolver essa contradição? Antes de tudo, evitando qualquer purismo de pronúncia. O italiano oral dos textos do teatro de Palavra deve ser homogeneizado até o ponto em que permaneça real: ou seja, até o limite entre a dialetização e o cânone pseudoflorentino, sem jamais ultrapassá-lo.

30 Para que essa convencionalidade linguística teatral, fundada em uma convencionalidade fonética real (ou seja, o italiano das 60 milhões de exceções fonéticas), não se torne uma nova academia, basta: a) ter continuamente consciência do problema;[11] b) continuar fiéis aos princípios do teatro de Palavra: *ou seja, a um teatro que seja, antes de tudo, debate, troca de ideias, luta*

11 Ninguém do teatro italiano (há algumas exceções, como Dario Fo) jamais se colocou esse problema e sempre aceitou bem a identificação entre a convencionalidade oral do italiano e a convencionalidade da dicção teatral, tomada pelos mestres acadêmicos mais empobrecidos, ignorantes e exaltados. Há o caso extraordinário de Carmelo Bene, cujo teatro do Gesto e do Grito é integrado por uma palavra teatral que dessacraliza e, para falar a verdade, embosteia a si mesma.

literária e política, no plano mais democrático e racional possível; portanto, a um teatro atento sobretudo ao significado e ao sentido, e, excluindo qualquer formalismo, que, no plano oral, signifique complacência e estetismo fonético.

31 Tudo isso exige a fundação de uma verdadeira escola de reeducação linguística que estabeleça as bases da interpretação do teatro de Palavra: uma interpretação cujo objetivo direto não seja a língua, mas o significado das palavras e o sentido da obra.

Um esforço total, conjunto de acuidade crítica e sinceridade, que envolve uma revisão completa da ideia que o ator tem de si mesmo.

(OS DOIS TIPOS EXISTENTES DE ATOR)

32 O que é o Teatro? "O TEATRO É O TEATRO." Essa é a resposta de todos hoje: o teatro é, portanto, hoje entendido como "algo" ou melhor "algo a mais" que só pode ser explicado por si mesmo, e que só pode ser intuído carismaticamente.

O ator[12] é a primeira vítima desse tipo de misticismo teatral que frequentemente o transforma em uma personagem ignorante, presunçosa e ridícula.

33 Mas, como vimos, o teatro de hoje é de dois tipos: o teatro burguês e o teatro burguês antiburguês. São, portanto, de dois tipos, também, os atores.

Observemos primeiro os atores do teatro burguês.

O teatro burguês encontra sua justificativa (não como texto, mas como espetáculo) na vida social: é um luxo de gente rica e de bem, que tem também o privilégio da cultura.[13]

Agora, um teatro assim está em crise, por isso ele é forçado a tomar consciência de sua condição, a reconhecer as razões que o afastam do centro de uma vida social para as margens, como algo ultrapassado e sobrevivente.

12 Mas também o crítico.
13 Pelo menos a oficial, proveniente do privilégio de ir à escola.

Um diagnóstico que não foi difícil: o teatro tradicional logo percebeu que um novo tipo de sociedade, imensamente achatada e expandida, as massas pequeno-burguesas, o substituiu por dois tipos de eventos sociais muito mais adequados e modernos: o cinema e a televisão. Não foi difícil perceber também que algo irreversível aconteceu na história do teatro: o *demos* ateniense e as *élites* do velho capitalismo são lembranças remotas. Os tempos de Brecht acabaram para sempre!

O teatro tradicional, portanto, se encontrou em um estado de degeneração histórica que criou ao seu redor, por um lado, uma atmosfera de conservação míope e feroz e, por outro, uma atmosfera de arrependimento e esperanças infundadas.

Isso também é um fato que o teatro tradicional soube (mais ou menos confusamente) diagnosticar.

O que o teatro tradicional não soube diagnosticar, nem mesmo ao primeiro vislumbre de consciência, é o que ele é. Ele se define Teatro e basta. Mesmo o ator mais superficial e técnico, diante do público burguês mais velho e esfarrapado, sente vagamente que não participa mais de um evento social, triunfante e totalmente justificado, e por isso explica sua presença e seu desempenho (tão pouco requisitado) como um ato místico: uma "missa teatral", na qual o Teatro aparece sob uma luz tão ofuscante que cega completamente. De fato, como todos os falsos sentimentos, ele produz uma consciência intransigente, demagógica e quase terrorista de sua própria verdade.

34 Vejamos agora o segundo tipo de ator, o do teatro burguês antiburguês, do Gesto ou do Grito.

Esse teatro tem, como já vimos, as seguintes características: a) dirige-se a destinatários burgueses cultos, envolvendo-os em seu próprio desenfreado e ambíguo protesto antiburguês; b) procura sedes onde apresentar seus próprios espetáculos fora das sedes oficiais; c) rejeita a palavra, e portanto as línguas das classes dominantes nacionais, em favor de uma palavra falsificada e diabólica ou do puro e simples gesto, provocador, escandaloso, incompreensível, obsceno, ritual.

Qual é a razão de tudo isso? A razão de tudo isso é um diagnóstico impreciso, mas igualmente eficaz, do que se tornou, ou simplesmente é, o teatro. E então? O TEATRO É O TEATRO, ainda. Mas enquanto para o teatro burguês isso não é nada mais do que uma tautologia que implica um misticismo ridículo e pomposo, para o teatro antiburguês essa é exatamente a verdadeira — e consciente — definição da sacralidade do teatro.

Essa sacralidade do teatro se baseia na ideologia do renascimento de um teatro primitivo, originário, realizado como rito propiciatório, ou melhor, orgiástico.[14] Trata-se de uma operação típica da cultura moderna, em que uma forma de religião cristaliza a irracionalidade do formalismo em algo que nasce como inautêntico (ou seja, por estetismo) e se torna autêntico (ou seja, um verdadeiro tipo de vida como *pragma* fora e contra a prática)[15].

Em alguns casos, essa religiosidade arcaica restaurada por raiva contra o laicismo cretino da civilização de consumo acaba justamente se tornando uma forma de autêntica religiosidade moderna (que não tem nada a ver com os antigos camponeses, mas muito com a moderna organização industrial da vida). Pensa-se, a propósito do Living Theatre, na colegialidade quase monástica, no "grupo" que substitui os grupos tradicionais como a família etc., nas drogas como protesto, no *dropping out* ou autoexclusão, mas como forma de violência, pelo menos gestual e verbal, e enfim no espetáculo quase como um caso de sedição ou — como se costuma dizer hoje em dia — de guerrilha.

Na maioria dos casos, no entanto, uma concepção semelhante de teatro *acaba sendo a mesma tautologia do teatro burguês*, obedecendo às mesmas regras inevitáveis.[16] A religião, ou seja, a forma de vida que se realiza no teatro, se torna simplesmente "a religião do teatro". E, dessa generalidade cultural, desse estetismo de segundo grau, o ator em trajes de luto e

14 Dionísio...

15 Surge aqui novamente a figura de Hitler, já evocada em outros parágrafos deste manifesto.

16 O teatro antiburguês não poderia existir: a) sem o teatro burguês para contestar e massacrar (esse é seu principal objetivo); b) sem um público burguês para escandalizar, mesmo que por intermédio de outra pessoa.

drogado se torna ridículo como o ator integrado, de terno, que também trabalha para a televisão.

(O ATOR DO TEATRO DE PALAVRA)

35 Será, portanto, necessário que o ator do "teatro de palavra", enquanto ator, mude de natureza: não deverá mais se sentir, fisicamente, portador de um verbo que transcende a cultura em uma ideia sacral do teatro: *mas deverá simplesmente ser um homem de cultura.*

Ele não deverá mais, portanto, fundar sua habilidade no fascínio pessoal (teatro burguês) ou em uma espécie de força histérica e mediúnica (teatro antiburguês), explorando demagogicamente o desejo de espetáculo do espectador (teatro burguês) ou prevaricando o espectador por meio da imposição implícita de fazê-lo participar de um rito sacral (teatro antiburguês). Ele na verdade deverá fundar sua habilidade em sua capacidade de compreender verdadeiramente o texto.[17] E não ser, portanto, um intérprete enquanto um portador de uma mensagem (o Teatro!) que transcende o texto: mas ser um veículo vivo do próprio texto.

Ele deverá se tornar transparente sobre o pensamento: e será tanto melhor quanto mais, ao ouvir o texto, o espectador perceber que o ator o entendeu.

(O "RITO" TEATRAL)

36 O teatro é, enfim, em qualquer caso, em qualquer tempo e em qualquer lugar, um RITO.

37 Semiologicamente, o teatro é um sistema de signos cujos signos, não simbólicos, mas icônicos, vivos, são os mesmos signos da realidade. O teatro representa um corpo por meio

17 O que fazem, com muita boa vontade e frequentemente com boa fé, todos os atores sérios: com fracos resultados críticos, no entanto. De fato, eles estão obnubilados pela ideia tautológica do teatro que implica materiais e estilos historicamente diferentes daqueles do texto em questão (se for um texto anterior a Tchekhov ou posterior a Ionesco).

de um corpo, um objeto por meio de um objeto, uma ação por meio de uma ação.

Naturalmente, o sistema de signos do teatro tem seus próprios códigos particulares, *no nível estético*. Mas *no nível puramente semiológico*, ele não se diferencia (como o cinema) do sistema de signos da realidade.

O arquétipo semiológico do teatro é, portanto, o espetáculo que ocorre todos os dias diante de nossos olhos e ao alcance de nossos ouvidos, na rua, em casa, em encontros públicos etc. Nesse sentido, a realidade social é uma representação que não é totalmente desprovida da consciência de ser uma representação e tem portanto seus próprios códigos (regras de boa educação, de comportamento, técnicas corporais etc.): em uma palavra, ela não é totalmente desprovida da consciência de sua própria ritualidade.

O rito arquétipo do teatro é, portanto, um RITO NATURAL.

38 Idealmente, o primeiro teatro que se distingue do teatro da vida tem caráter religioso: cronologicamente, o nascimento de um teatro como "mistério" não pode ser datado. Mas ele se repete em todas as situações históricas, ou melhor, pré-históricas, análogas. Em todas as "eras das origens" e em todas as "eras obscuras" ou medievais.

O primeiro rito do teatro, como propiciação, esconjuração, mistério, orgia, dança mágica etc., é, portanto, um RITO RELIGIOSO.

39 A democracia ateniense inventou o maior teatro do mundo — em versos —, instituindo-o como RITO POLÍTICO.

40 A burguesia — juntamente com sua primeira revolução, a revolução protestante — criou um novo tipo de teatro (cuja história talvez comece com o teatro de arte, mas certamente com o teatro elisabetano e o teatro do período de ouro espanhol, e chega até nós). No teatro inventado pela burguesia (imediatamente realista, irônico, aventureiro, evasivo, e, como diríamos hoje, indiferente — mesmo que se trate de Shakespeare ou Calderón), a burguesia celebra a maior de suas pompas mundanas — que

é também poeticamente sublime, pelo menos até Tchekhov, ou seja, até a segunda revolução burguesa, a liberal. O teatro da burguesia é, portanto, um RITO SOCIAL.

41 Com o declínio da "grandeza revolucionária" da burguesia (a menos que — talvez justamente — não se queira considerar "grande" sua terceira revolução, a tecnológica), declinou também a grandeza daquele RITO SOCIAL que foi *seu* teatro. Sendo assim, se, por um lado, esse rito social sobrevive sob os cuidados do espírito conservador burguês, por outro lado, ele está adquirindo uma nova consciência de sua própria ritualidade. Consciência que parece ter sido totalmente adquirida — como vimos — pelo teatro burguês antiburguês, que, enfurecendo-se contra o teatro oficial da burguesia e a própria burguesia, tem como alvo principalmente sua oficialidade, seu *establishment*, ou seja, sua falta de religião. O teatro *underground* — como já dissemos — tenta recuperar as origens religiosas do teatro, como mistério orgiástico e violência psicagógica, no entanto, em uma operação semelhante, o estetismo não filtrado pela cultura *faz com que o real conteúdo dessa religião seja o próprio teatro*, assim como o mito da forma é o conteúdo de todo formalismo. Não se pode dizer que a religião violenta, sacrílega, obscena, dissacrante-consagrante do teatro do Gesto ou do Grito seja desprovida de conteúdo e inautêntica, porque, às vezes, ela é preenchida por uma autêntica religião do teatro.

O rito desse teatro é, portanto, um RITO TEATRAL.

(O TEATRO DE PALAVRA E O RITO)

42 *O teatro de Palavra não reconhece como próprio nenhum dos ritos aqui elencados.*

Recusa-se com raiva, indignação e náusea a ser um RITO TEATRAL, ou seja, a obedecer às regras de uma tautologia proveniente de um espírito religioso arqueológico, decadente e culturalmente genérico, facilmente integrável pela burguesia através do mesmo escândalo que quer suscitar.

Recusa-se a ser um RITO SOCIAL da burguesia: na verdade, nem se dirige à burguesia e a exclui, fechando as portas na sua cara.

Não pode ser um RITO POLÍTICO da Atenas aristotélica, com seus "muitos" que eram poucas dezenas de milhares de pessoas: e *toda a cidade* estava contida no seu esplêndido teatro social ao ar livre.

Não pode ser, finalmente, um RITO RELIGIOSO, porque a nova Idade Média tecnológica parece excluí-lo, por ser antropologicamente diferente de todas as Idades Médias anteriores...

Dirigindo-se a destinatários de "grupos culturais avançados da burguesia", e, *portanto*, à classe operária mais consciente, através de textos fundados na palavra (talvez poética) e em temas que poderiam ser típicos de uma conferência, de um comício ideal ou de um debate científico — o teatro de Palavra nasce e opera totalmente no campo da cultura.

Seu rito não pode ser definido de outra forma senão como RITO CULTURAL.

(RESUMO)

43 *Resumindo, portanto:*

O teatro de Palavra é um teatro completamente novo, porque se dirige a um novo tipo de público, superando completamente e para sempre o público burguês tradicional.

Sua novidade consiste em ser, justamente, de Palavra: ou seja, opor-se aos dois teatros típicos da burguesia, o teatro da Tagarelice ou o teatro do Gesto ou do Grito, que são reduzidos a uma unidade substancial: a) pelo mesmo público (que o primeiro diverte, o segundo escandaliza), b) pelo ódio comum à palavra (hipócrita o primeiro, irracional o segundo).

O teatro de Palavra busca seu "espaço teatral" não no ambiente, mas na cabeça.

Tecnicamente, esse "espaço teatral" será frontal; texto e atores de frente para o público: a absoluta igualdade cultural entre esses dois interlocutores, que se olham nos olhos, é garantia da verdadeira democraticidade também cênica.

O teatro de Palavra é popular não porque se dirige diretamente ou retoricamente à classe trabalhadora, mas porque se dirige a ela indiretamente e realisticamente através dos intelectuais burgueses avançados que são seu único público.

O teatro de Palavra não tem nenhum interesse espetacular, mundano etc.: seu único interesse é o interesse cultural, comum ao autor, aos atores e aos espectadores; que, portanto, quando se reúnem, realizam um "rito cultural".

Vida e obra de Pier Paolo Pasolini

Cláudia Tavares Alves

1922 Pier Paolo Pasolini, filho de Carlo Alberto Pasolini e Susanna Colussi, nasce em Bolonha, no dia 5 de março de 1922. O jovem casal finalmente se casa em dezembro de 1921, depois de alguns anos de noivado. Conhecem-se em Casarsa della Delizia, pequena cidade da região de Friul, ao norte da Itália, onde Carlo Alberto, ex-combatente da Primeira Guerra Mundial e oficial militar, presta serviços, e Susanna, professora da escola básica, vive. Contudo, devido às sucessivas transferências ocasionadas pelo trabalho de Carlo Alberto, a família está em Bolonha nos meses seguintes quando do nascimento de seu primogênito, que recebe o nome de Pier Paolo em homenagem a um irmão falecido ainda moço de Carlo Alberto.

1923-1927 Guidalberto Pasolini, segundo filho do casal, nasce em 1925, em Belluno, na região do Vêneto. A cidade está entre os lugares em que a família vive durante a infância de Pier Paolo, como o escritor recorda:

> O tempo de nascer em Bolonha… E então meu pai é transferido para Parma. Depois fomos para Conegliano, Belluno, Sacile, Idria, Cremona, e outras cidades ao norte da Itália. A minha infância foi uma longa sequência de mudanças…[1]

Acerca do nascimento de seu irmão, Pier Paolo descreve com afeto a manhã em que o viu pela primeira vez:

1 "Cronologia", in Pier Paolo Pasolini, *Le lettere*, org. Nico Naldini. Milão: Garzanti, 2021, p. 19. Todas as traduções das citações são da autora.

> Na manhã em que Guido nasceu, fui o primeiro a acordar, corri até a cozinha e o vi dentro do berço. Voei para o quarto da minha mãe para lhe dar a notícia. Por um tempo me gabei por ter sido o primeiro a vê-lo. [...] Depois de alguns dias, eis minha mãe e meu pai na cozinha, com um aspecto contente. Aqui está a mesa, ali junto à lareira o berço de Guido. "Mamãe — pergunto — como as crianças nascem? Ela me olha rindo e diz: 'Do ventre da mãe'. Papai também sorri." Escuto aquela frase como se fosse uma brincadeira absurda, inconcebível; defendo meu amor-próprio com fervor. Não é verdade, elas vêm do céu, grito.[2]

São também desse período as primeiras impressões sobre a relação conflituosa com o pai, que marcou toda a sua trajetória:

> Nos primeiros anos da minha vida, ele foi mais importante para mim do que a minha mãe. Era uma presença tranquilizadora, forte. Um pai verdadeiramente afetuoso e protetor. Depois, de repente, quando eu tinha cerca de 3 anos, o conflito se instaurou. Daquele momento em diante, sempre houve uma tensão antagonista, dramática, trágica entre mim e ele.[3]

Em 1927, com 5 anos de idade, Pier Paolo começa a frequentar a escola.

1928-1929 Após uma temporada em Conegliano, Susanna e seus dois filhos permanecem em Casarsa della Delizia por um tempo, enquanto Carlo Alberto está preso no quartel devido a dívidas de jogo. Nesse período, Pier Paolo vai para o segundo ano escolar, um momento marcante em sua vida, inclusive pelas relações que compartilha com a família materna, em Casarsa: "O segundo ano da escola é um dos vértices da minha vida. Pela primeira vez, vivi em uma casa minha, em meio a um mundo de primos, primas, tias, tios, avôs e avós".[4] Após a liberação do

2 "Cronologia", in Pier Paolo Pasolini, *Lettere 1940-1954*, org. Nico Naldini. Turim: Einaudi, 1986, pp. XV-XVI).
3 "Cronologia", op. cit., 2021, p. 20.
4 Id., ibid., p. 23.

pai, a família reinicia as constantes mudanças de cidade e, em 1929, se encontra em Sacile. Pier Paolo está então com 7 anos, idade divisora de águas em sua vida, pois, como o próprio autor declara em vários momentos de sua obra, é quando começa a escrever poesia:

> Quanto à poesia, comecei com sete anos:
> mas eu não era precoce senão pela vontade.
> Fui um "poeta de sete anos" —
> como Rimbaud —, mas só na vida.
> Ora, em um vilarejo entre o mar e a montanha,
> onde explodem grandes temporais, no inverno chove muito,
> em fevereiro se veem as montanhas claras como vidro,
> logo ali depois dos ramos nus, e então nascem as prímulas
> [nos fossos
> inodoras, e no verão os lotes, pequenos, de milho
> alternados com aqueles verde-escuros de alfafa
> se desenham no céu esfumaçado
> como uma paisagem misteriosamente oriental —
> ora, naquele vilarejo,
> há um baú repleto de manuscritos de um daqueles tantos
> [meninos poetas.[5]

1930-1932 Durante os anos escolares, seguindo as mudanças contínuas de cidade, Pier Paolo tem contato com a literatura e o cinema. Em Sacile, no Cinema Ruffo, assiste aos primeiros filmes mudos. Quanto aos livros, uma afeição especial por um atlas geográfico, seu "primeiro e mais

5 "Quanto alla poesia, ho cominciato a sette anni:/ ma non ero precoce se non nella volontà./ Sono stato un 'poeta di sette anni' —/ come Rimbaud — ma solo nella vita./ Ora, in un paese tra il mare e la montagna,/ dove scoppiano grandi temporali, d'inverno piove molto,/ in Febbraio si vedono le montagne chiare come il vetro,/ appena al di là dei rami nudi, e poi nascono le primule sui fossi/ inodore, e d'estate gli appezzamenti, piccoli, di granoturco/ alternati a quelli verdecupo dell'erba medica/ si disegnano contro il cielo sfumato/ come un paesaggio misteriosamente orientale —/ ora, in quel paese,/ c'è una cassapanca piena dei manoscritti di uno dei tanti ragazzi poeti." Pier Paolo Pasolini, "Poeta delle ceneri", in *Tutte le poesie*, v. 2, org. Walter Siti. Milão: Mondadori, 2003, pp. 1.261-62.

importante livro",[6] além dos volumes de aventura, sobretudo os de Emilio Salgari, de quem lê todos os romances publicados: "Foram as leituras mais bonitas da minha vida. Leituras incomparáveis".[7]

1933-1935 Carlo Alberto é transferido para Cremona, onde a família permanece até 1935. Na cidade, que marca as memórias de Pier Paolo até seus 13 anos, o jovem começa a conhecer os primeiros indícios da puberdade, enquanto suas leituras avançam em direção a novos autores. Homero, Camões e toda a obra do poeta italiano Giosuè Carducci passam a compor o seu repertório.

1936 Após nova mudança de cidade, Pier Paolo frequenta uma escola em Reggio Emilia, para onde viaja diariamente de trem. Em paralelo, dedica-se a novas leituras poéticas, sobretudo Giovanni Pascoli e Gabriele D'Annunzio. Com 14 anos, tomado pela libido juvenil, comete o que depois chama de seus "primeiros atos impuros".[8] Já estaria catalisando questões centrais que aparecem tematizadas em dois contos da juventude, publicados postumamente no volume *Amado mio (preceduto da Atti impuri)* [Amado meu (precedido de Atos impuros)] (1982).

1937-1939 Em 1937, a família Pasolini retorna a Bolonha, onde permanece por alguns anos. Essa nova temporada na cidade natal é determinante para as experiências de Pier Paolo. Ali, nasce a sua paixão pelo futebol, que o acompanha durante toda a vida. São também de grande importância para o seu futuro as leituras que encontra nas bancas de livros usados do famoso Portico della Morte, onde tem contato com Dostoiévski, Tolstói, Shakespeare, os poetas românticos alemães, entre tantos outros escritores. Ainda em Bolonha, passa a frequentar o renomado Liceu Galvani, onde encontra alguns de seus grandes

6 "Cronologia", op. cit., 2021, p. XLVIII.
7 Id., ibid., p. 28.
8 Id., ibid., p. L.

amigos da juventude: Luciano Serra, Ermes Parini, Franco Farolfi e Elio Melli. Destaca-se também como um dos melhores alunos da escola, recebendo notas excelentes e conquistando a possibilidade de avançar para o último ano escolar. Assim, com 17 anos de idade, está apto para se matricular na Faculdade de Letras da Universidade de Bolonha, onde conhece um de seus maiores mestres, o professor e historiador de arte Roberto Longhi, que lhe apresenta a paixão pela filologia e pela estética das artes figurativas:

> Longhi estava fora da bainha, como uma espada. Falava como ninguém falava. O seu léxico era uma novidade absoluta. A sua ironia não tinha precedentes. A sua curiosidade não tinha modelos. A sua eloquência não tinha motivações. Para um rapaz oprimido, humilhado pela cultura escolar, pelo conformismo da sociedade fascista, essa era a revolução. [...] A cultura que o maestro revelava e simbolizava aparecia como uma alternativa a toda a realidade conhecida até então.[9]

Além disso, Pier Paolo se torna capitão do time de futebol da faculdade e se apaixona pelo cinema graças a um cineclube, no qual tem contato com a filmografia de Charlie Chaplin, acontecimento decisivo na relação que o escritor estabelece com o cinema. Durante as férias de verão, a família viaja para Casarsa della Delizia.

1940 A sua vida durante os anos de faculdade é, em alguma medida, marcada pelo fascismo, vigente desde 1922 na Itália. Pier Paolo e seus jovens amigos frequentam os espaços instituídos pelo regime, como os Gruppi Universitari Fascisti (GUF) e as competições culturais e esportivas, chamadas de Littoriali. É também um momento fundamental de formação para Pier Paolo, que lê intensamente os poetas herméticos, Eugenio Montale, Giuseppe Ungaretti, as traduções de Salvatore Quasimodo da poesia lírica grega antiga, além de Freud, Calderón, Hölderlin, Strindberg. Apaixona-se pelo teatro, em contato com peças de Luigi Pirandello e Thornton Wilder.

9 Id., ibid., p. 42.

1941 Carlo Alberto é promovido a major e enviado à África Oriental, então sob domínio da Itália, para lutar na Segunda Guerra Mundial. Ali, é capturado e permanece prisioneiro até 1945. Enquanto isso, a família, como de costume, passa as férias em Casarsa della Delizia. Pier Paolo se dedica à pintura e a escrever poemas que tematizam os dias vividos no vilarejo materno. Paralelamente a tais experiências, realiza os primeiros movimentos em direção à escrita em friulano, como um modo de registrar a cultura popular e oral que vivencia em Casarsa.

> Eu, naquela sacada [da casa da minha mãe], ou estava desenhando (com a tinta verde ou com o tubo de ocre das cores a óleo sobre o celofane), ou escrevendo versos. Quando ressoou a palavra ROSADA.
>
> Era Lívio falando, um rapaz da vizinhança, um dos Socolari. [...] A palavra "rosada" pronunciada naquela manhã de sol era uma ponta expressiva da sua vivacidade oral.
>
> Aquela palavra, ao longo de todos os séculos em que fora usada no Friul que se estende para os lados de cá do Tagliamento, certamente nunca havia sido escrita. Ela sempre foi apenas um som.
>
> O que quer que eu estivesse fazendo naquela manhã, pintando ou escrevendo, com certeza subitamente interrompi [...]. E escrevi logo os versos naquela língua friulana falada do lado direito do Tagliamento, algo que até aquele momento havia sido apenas um conjunto de sons. Comecei por tornar gráfica a palavra ROSADA.[10]

Mantém também correspondências com os amigos de Bolonha, Luciano Serra, Francesco Leonetti e Roberto Roversi. O grupo, interessado na vida cultural da época, havia se proposto a fundar uma revista, cujo título seria *Eredi*, tendo como objetivo refletir sobre as heranças da poesia clássica que haviam sido filtradas pela poesia moderna italiana. Contudo, por uma limitação governamental ao uso de papel, a revista nunca chega a se concretizar.

10 Id., ibid., p. 43.

1942 Nos meses iniciais de 1942, Pier Paolo termina de escrever os poemas que fazem parte da coletânea *Poesie a Casarsa* [Poemas em Casarsa], impressa por um editor bolonhês em julho daquele ano às custas do próprio autor. São catorze poemas escritos em friulano, acompanhados pela tradução para italiano, que revelam o tipo de investigação poética que o escritor opera com o friulano falado em Casarsa:

> A minha relação com o friulano é muito curiosa, porque na realidade não é o meu dialeto natal, nem o da minha mãe. Os friulanos são trilíngues: em primeiro lugar, friulanos, ou seja, ladinos; depois vênetos, pois o vêneto era a língua da classe dominante, importada sob o domínio veneziano; e finalmente italianos. Pertencendo, em alguma medida, à elite camponesa da região, minha mãe falava o vêneto, não o friulano. Por isso, eu o ouvi ser falado pelos camponeses, camponeses absolutamente autênticos, mas eu mesmo nunca falei, e só aprendi depois que comecei a escrever poemas nesse dialeto. Aprendi por uma espécie de místico ato de amor, algo como o *félibrisme* dos poetas provençais do século XIX. Escrevi os meus primeiros poemas em friulano por volta dos 17 anos, e a razão dessa escolha foi bastante curiosa. Como você sabe, naquela época estava em voga na Itália o hermetismo, uma espécie de corrente provincial do simbolismo. [...] A ideia básica da poesia hermética era que a linguagem da poesia é uma linguagem absoluta. Na realidade, existem uma linguagem poética e uma prosaica em qualquer contexto literário, mas inconscientemente os herméticos exageravam com essa premissa, adotando para a poesia uma linguagem própria e exclusiva.[11]

A coletânea logo é notada por poetas e críticos importantes, como Alfonso Gatto e Gianfranco Contini, que lhe dedica uma resenha elogiosa. Na faculdade, paralelamente às pinturas às quais continua se dedicando, começa a preparar uma monografia sobre a história da pintura italiana contemporânea, sob orientação de Roberto Longhi. Os manuscritos desse estudo inicial, no entanto, se perdem devido

11 Id., ibid., p. 47.

às agitações causadas pela guerra, em 1943. É por isso que Pasolini passa a se dedicar a uma monografia sobre a lírica de Giovanni Pascoli, intitulada *Antologia della poesia pascoliana: introduzione e commenti* [Antologia da poesia pascoliana: introdução e comentários], publicada postumamente pela editora Einaudi, em 1993. Em Bolonha, torna-se um dos fundadores e redator-chefe da revista *Il Setaccio*, ligada à Gioventù Italiana del Littorio e publicada entre 1942 e 1943. Nesse mesmo período, colabora também com o periódico *Architrave*, ligado ao GUF bolonhês, escrevendo resenhas e ensaios e publicando alguns de seus desenhos. O ano de 1942, apesar de marcado pelo seu exórdio como escritor, representa também um período controverso, sobre o qual Pier Paolo reflete anos depois:

> Eu nasci na era fascista, em um mundo fascista, e não percebia o fascismo, como um peixe não percebe que está na água [...], [a oposição ao fascismo] era alguma coisa ingênua, colocava-se apenas no plano das ideias. [...] Depois, aos poucos, percebi e passei para o lado da Resistência.[12]

Ainda em 1942, a família Pasolini deixa Bolonha e retorna a Casarsa della Delizia, onde aguarda o fim da guerra.

1943 A família segue em Casarsa, e Pier Paolo, com a queda do governo fascista, é convocado à guerra. Em Livorno, consegue fugir das tropas alemãs, escondendo-se em um fosso. De volta a Casarsa, estabelece com amigos novas parcerias para se dedicar à defesa da escrita poética em friulano. Para divulgar tais ideias, criam uma pequena revista, que publica seu primeiro número em 1944, com o título de *Stroligùt di cà da l'Aga*. Ainda no fim daquele ano, Pier Paolo vive uma de suas primeiras experiências pedagógicas: cria com amigos uma escola em San Giovanni, vilarejo próximo a Casarsa, para dar aulas às crianças de Versuta que não conseguem chegar à cidade devido aos bombardeios.

12 Id., ibid., p. 45.

1944 Em maio de 1944, Guido se alista ao Partito d'Azione e parte com o objetivo de combater as tropas alemãs no norte da Itália. Pier Paolo, tomado pela angústia dos bombardeios e ataques que já dominam seu lugar de refúgio, escreve a peça *I turcs tal Friùl* [Os Turcos de Friul], um drama histórico que narra a invasão turca ocorrida em Casarsa por volta de 1499. Em Versuta, fica escondido com a mãe em um pequeno quarto, no qual também dá aulas a crianças que não conseguem frequentar a escola. Enquanto isso, continua a escrever poemas e a se dedicar a ações culturais, como a montagem de algumas peças teatrais voltadas ao público infantil.

1945 Após o fim da guerra, chega a notícia da morte de Guido, ocorrida em fevereiro daquele ano por conflitos entre grupos resistentes opostos. O fato devasta a família, especialmente a mãe, Susanna, que precisa ser consolada pelo filho mais velho. Em uma carta destinada ao irmão morto, Pier Paolo narra a dor daqueles dias:

> Você ouviu como mamãe gritava, te chamando? Agora ela está aqui, sentada, calada. Se você a visse, como a reconheceria! A dor infinita que você lhe causou não a marcou, continua sendo nossa jovenzinha, com seu rosto simpático pela manhã, quando ainda não se arrumou, mas já se ocupa com a casa. Está ali calada, com um daqueles seus lenços claros na cabeça; você a reconheceria perfeitamente, ela não mudou nada; mas talvez te pareça um pouco nova, como me parece, aquela sua expressão, especialmente da boca, que talvez seja uma atitude de dor, mas eu me iludo, me esforço para acreditar que seja uma espécie de sorriso. [...] Devemos nos render. E a rendição, percebe-se, é necessária; vem do nosso próprio corpo, aquele que você não tem mais, e eu tenho. É necessário, porque ao te escrever não penso que você esteja morto, mas vivo, embora inevitavelmente diferente daquele rapaz que foi meu irmão, e que vi perfeitamente, carnalmente, fatalmente como na fotografia.[13]

13 Id., ibid., p. 62.

Nesse mesmo período, é fundada a Academiuta di Lenga Furlana e publicado o primeiro número da revista *Il Stroligùt*. Pier Paolo também escreve e encena com seus alunos a fábula *I fanciulli e gli elfi* [Os meninos e os elfos]. No fim do ano, revê o pai, finalmente repatriado, em Bolonha, onde Pier Paolo se encontra para a defesa de sua monografia sobre Pascoli. Inicia-se um período muito difícil para a família:

> A guerra terminou e começou para mim o período mais trágico da minha vida (continuava a escrever *La meglio gioventù* [A melhor juventude] e *L'usignolo* [O rouxinol]): a morte do meu irmão e a dor sobre-humana da minha mãe; o retorno do meu pai da prisão: um veterano doente, envenenado pela derrota do fascismo, na pátria, e, em família, da língua italiana; destruído, feroz, tirano sem mais poder, enlouquecido pelo vinho ruim, cada vez mais apaixonado pela minha mãe, que nunca o amou tanto assim e que agora estava, além de tudo, totalmente entregue à sua dor; e a isso se soma o problema da minha vida e da minha carne.[14]

Antes de o ano terminar, é publicado o volume de poemas *Diarii* [Diários], pela Academiuta de Casarsa. O livro é notado por Eugenio Montale, que divulga alguns de seus textos na revista *Il Mondo*.

1946 Em maio de 1946, em meio a uma Casarsa destruída pela guerra, Pier Paolo começa a escrever o diário *Quaderni rossi* [Cadernos vermelhos], repassando as suas memórias da infância e da adolescência, além das experiências mais recentes com a guerra e os seus casos amorosos. Continua a trabalhar em diversos projetos, como a coletânea de poemas *L'usignolo della chiesa cattolica* [O rouxinol da igreja católica] e o drama *Il cappellano* [O capelão], que muitos anos depois é encenado sob o título de *Nel 46!* [Em 46!]. Publica também o segundo volume da revista *Il Stroligùt*. Em uma de suas viagens, em Domodossola, conhece pessoalmente Gianfranco Con-

14 Id., ibid., p. 66.

tini, que se torna uma espécie de mentor e primeiro leitor de Pier Paolo até os anos 1970.

1947-1948 Em 26 de janeiro de 1947, Pier Paolo publica um artigo no jornal *Libertà* em que afirma: "Nós, da nossa parte, estamos convencidos de que somente o Comunismo atualmente seria capaz de fornecer uma nova cultura 'de verdade', uma cultura que seja moralidade, interpretação total da existência".[15] Ainda não está, porém, inscrito no Partito Comunista Italiano (PCI), ao qual se filia no ano seguinte, tornando-se secretário da célula de San Giovanni di Casarsa. Paralelamente ao envolvimento político, começa a se dedicar às leituras de Karl Marx e Antonio Gramsci, passando a se reconhecer como um intelectual:

> Contemporaneamente, nesses anos de 1948-49, eu descobria Gramsci. Ele me oferecia a possibilidade de fazer um balanço da minha situação pessoal. Através de Gramsci, a posição do intelectual — pequeno-burguês de origem ou por adoção —, eu a situava agora entre o partido e as massas, verdadeiro ponto de mediação entre as classes, e, sobretudo, verificava no plano teórico a importância do mundo camponês na perspectiva revolucionária. A ressonância da obra de Gramsci foi determinante para mim.[16]

Escreve o poema "I pianti" [Os prantos], dedicado à avó materna, apresenta conferências sobre poesia contemporânea e friulana em várias cidades da Itália, lança o terceiro volume da revista *Il Stroligùt* (agora chamada de *Quaderno Romanzo*) e publica alguns contos em periódicos locais, além da plaquete *Dov'è la mia patria* [Onde é a minha pátria], com o amigo e pintor Giuseppe Zigaina. Em carta de agosto de 1947, destinada à amiga Silvana Mauri, sobre cuja relação pairava certa tensão, Pier Paolo menciona a palavra *homossexual*, provavelmente pela primeira vez, para indiretamente se referir a si mesmo:

15 Id., ibid., p. LXVII.
16 Id., ibid., p. 81.

> Hoje decidi ser claro com você, mesmo correndo o risco de te perder. Desde os nossos primeiros encontros, você já deve ter percebido que por trás da minha amizade havia algo a mais, mas *não muito diferente*; uma simpatia que era até mesmo ternura. Mas algo insuperável, digamos até monstruoso, se interpunha entre mim e essa minha ternura. Lembre mais uma vez de uma coisa, Silvana, e então finalmente vai entender: reveja nós dois naquele restaurante da praça Vittorio, diante das "calças", e lembre do calor com que defendi aquela sua amiga homossexual. Não fique alarmada, por piedade, Silvana, com essa última palavra: pense que a verdade não está nela, mas em mim, que finalmente, apesar de tudo, sou amplamente compensado pela minha *joy*, pela minha alegria, que é curiosidade e amor pela vida.[17]

Assume a posição de professor em uma escola em Valvasone, vilarejo próximo a Casarsa, em que atua até o fim de 1949.

1949 O envolvimento de Pier Paolo com o PCI e as demais questões políticas do período acontecem concomitantemente à sua presença frequente em festas populares, compartilhadas com camponeses e jovens rapazes. Segundo seus opositores, a sua atuação política não poderia coincidir com aquele tipo de conduta moral. O resultado é que, em 22 de outubro, é denunciado por corrupção de menores e atos obscenos em público. Tais acusações não o levam a cumprir nenhuma pena, mas o escândalo atinge grandes proporções. Pier Paolo é expulso do PCI, além de perder o trabalho como professor de Valvasone. Há ainda o fato de a relação com o pai se tornar cada vez mais complicada, o que leva Susanna e o filho a planejarem fugir de Casarsa. Em carta de 31 de dezembro ao amigo Farolfi, Pier Paolo descreve a situação:

> Hoje é o último dia do ano: diante de mim não tenho nada, estou desempregado, sem absolutamente nenhuma esperança de trabalho; meu pai está nas condições físicas e morais que você conhece. Um clima de suicídio. Estou trabalhando arduamente

17 Id., ibid., p. 74.

em torno de um romance, no qual deposito todas as minhas esperanças, até mesmo as práticas; sei que são esperanças loucas, mas, de alguma forma, elas me preenchem.[18]

1950 Em 28 de janeiro, Susanna e Pier Paolo partem para Roma.

Fugi com a minha mãe e uma mala e algumas joias que se
[revelaram falsas,
em um trem lento como se fosse de carga,
pela planície friulana coberta por uma leve e dura camada
[de neve.
Íamos em direção a Roma.
Abandonamos assim o meu pai
ao lado de um aquecedorzinho de pobres,
com seu velho casaco militar
e suas horríveis fúrias de doente de cirrose e síndromes
[paranoides.[19]

Lá, são recebidos por um tio e, em pouco tempo, Susanna encontra trabalho como governanta em uma casa de família, enquanto o filho aluga um quarto de pensão e busca modos de ganhar dinheiro. Após um início difícil, sem estabilidade financeira e sem conseguir escrever, Pier Paolo começa a conviver com literatos e intelectuais, como Sandro Penna, Attilio Bertolucci, Giorgio Bassani, Giorgio Caproni, entre outros. São também desse período os seus primeiros contos romanos, frutos da convivência com as *borgate*, as periferias de Roma, que posteriormente dão origem ao seu primeiro romance, *Ragazzi di vita* [Meninos da vida].

18 Id., ibid., p. 87.
19 "Fuggii con mia madre e una valigia e un po' di gioie che risultarono false,/ su un treno lento come un merci,/ per la pianura friulana coperta da un leggero e duro strato di neve./ Andavamo verso Roma./ Avevamo dunque, abbandonato mio padre/ accanto a una stufetta di poveri,/ col suo vecchio pastrano militare/ e le sue orrende furie di malato di cirrosi e sindromi paranoidee." P. P. Pasolini, op. cit., 2003, p. 1.265.

1951 Pier Paolo vive de trabalhos esporádicos. Consegue publicar na revista *Paragone* o conto "Il Ferrobedò", que depois se torna o primeiro capítulo de *Ragazzi di vita*. O interesse pelas periferias e pelo subproletariado romano se reflete, mais uma vez, no interesse pela língua falada naqueles espaços marginalizados da cidade:

> No caso do subproletariado romano, me encontrei diante de um mundo completamente diferente. Por um lado, fiquei traumatizado, exatamente como um inglês pode ficar traumatizado ao chegar na Itália e se deparar com algo absolutamente inesperado; por outro, fui forçado a fazer um diagnóstico objetivo. Assim, enquanto no início eu usava o dialeto por razões subjetivas, como uma linguagem puramente poética, quando cheguei a Roma, ao contrário, passei a usar o dialeto do subproletariado local de maneira objetiva, para chegar à descrição mais exata possível do mundo que eu tinha à minha frente.[20]

Nesse contexto, conhece Sergio Citti, amigo que desempenha também o papel de consultor linguístico acerca do dialeto romano.

> Será talvez essa sua disposição à contemplação, ao absoluto distanciamento crítico diante dos fatos da vida, que o transformou em um colaborador tão valioso para minha pesquisa linguística. Ele, de fato, quando pergunto algo sobre a vida subproletária que ele viveu com uma perspicácia cada vez mais extraordinária à medida que sua participação se distancia dela, ele se imerge no que lhe peço com um interesse que nunca se sobrepõe ao meu, porque é completamente livre.[21]

Carlo Alberto se muda para Roma e a família está reunida novamente. No fim do ano, a situação financeira finalmente começa a melhorar: Pier Paolo é contratado como professor em uma escola em Ciampino e assina um contrato com a editora Guanda, para

20 "Cronologia", op. cit., 2021, p.96.
21 Id., ibid., p.97.

publicar, em parceira com Mario dell'Arco, uma antologia de poesia dialetal do século XX.

1952-1954 A *Antologia della poesia dialettale* [Antologia de poesia dialetal] é publicada em dezembro de 1952 e, alcançando grande sucesso, logo em 1953 Pier Paolo começa a trabalhar em uma nova antologia, *Canzoniere italiano* [Cancioneiro italiano], também publicada pela Guanda, em 1955. São, portanto, anos de muito trabalho, paralelamente às atividades escolares. Nesse meio tempo, publica o volume *Tal cóur di un frut* [No coração de um menino], com versos em friulano, além de outros contos, ensaios e poemas em periódicos, os quais passam a integrar romances e coletâneas poéticas futuras. Participa ainda, como jurado ou concorrente, de prêmios literários e mantém um programa radiofônico na Rai. Em 1954, também se dedica ao seu primeiro roteiro cinematográfico, em colaboração com Giorgio Bassani, para o filme *La donna del fiume* [A mulher do rio], de Mario Soldati. Assim, com melhores condições financeiras, muda-se com a família para um apartamento no bairro Monteverde. É finalmente publicado todo o conjunto de poemas friulanos, sob o título de *La meglio gioventù*, pela editora Sansoni. O volume é dedicado a Contini. Retoma contato com Francesco Leonetti, amigo dos tempos de Bolonha, e, em outubro de 1954, ressurge a ideia de fundarem uma revista, dando assim origem à *Officina*, cujo primeiro volume é lançado em maio do ano seguinte.

1955 Após tratativas com a editora Garzanti, propõe, a partir do conto "Il Ferrobedò", uma narrativa mais longa, que se transforma em *Ragazzi di vita*. O romance, após revisões significativas devido a exigências editoriais, começa a circular no fim de maio e logo recebe as primeiras resenhas, alcançando grande sucesso e ficando entre os finalistas dos prêmios literários Strega e Viareggio daquele ano. O livro divide opiniões e desperta elogios, mas também críticas tanto de colegas marxistas quanto de intelectuais de direita. Instaura-se ainda um processo judicial devido ao seu conteúdo pornográfico e à sua linguagem obscena, dando assim início a uma série de acusações às quais Pasolini responde ao longo dos próximos anos.

1956 O ano de 1956 é marcado por uma grande tensão política e ideológica mundial, envolvendo a crise do modelo stalinista de governo e a renovação do Partido Comunista soviético e de seus braços. Para Pasolini, isso se reflete na conclusão da escrita de seu novo livro de poemas, *Le ceneri di Gramsci* [As cinzas de Gramsci]. Dá início também ao seu segundo romance romano, *Una vita violenta* [Uma vida violenta]. Além disso, continua a colaborar com cineastas, como Mauro Bolognini e Federico Fellini, produzindo roteiros para os seus filmes. Segue também na redação da revista *Officina* e assume uma coluna de resenhas poéticas no periódico *Il Punto*.

1957-1958 Em março de 1957, Pasolini envia à editora Garzanti a versão final de *Le ceneri di Gramsci*. A publicação do livro causa grande alvoroço no meio literário, sendo considerado por Italo Calvino "um dos mais importantes fatos da literatura italiana após a guerra e com certeza o mais importante no campo da poesia".[22] Alcança sucesso imediato, com uma primeira edição esgotada em poucos dias e a sua vitória no prêmio Viareggio, ao lado da coletânea *Poesie* [Poemas], do amigo Sandro Penna. Representa, para alguns, o renascimento da poesia civil e ideológica italiana. Em julho, Pier Paolo viaja para a Rússia, para participar do Festival Mundial da Juventude em Moscou, onde vive uma das experiências fundamentais de sua vida.

> Sem dúvida, o significado e as consequências de 40 anos de vida soviética se apresentaram para mim através da gente simples da URSS. O povo é realmente otimista e totalmente voltado para o futuro. Além da constatação da abolição das classes, o aspecto que mais me impressionou, diria até que me

22 Id., ibid., p. LXXXI.

> abalou, é exatamente esse gigantesco pioneirismo em direção a uma religião humana. As pessoas são felizes, conscientes e seguras disso.[23]

Além das revistas *Officina* e *Il Punto*, começa a colaborar regularmente também com o periódico *Vie Nuove*. Em 1958, finalmente, é publicada, pela editora Longanesi, a coletânea *L'usignolo della chiesa cattolica*, também bem recebida pela crítica. Pier Paolo escreve o seu primeiro roteiro autoral, *La notte brava* [A noite boa], além de seguir com outras colaborações. Continua a trabalhar no romance *Una vita violenta*, concluído em dezembro de 1958, quando ocorre também a morte de seu pai. Em carta ao amigo Leonetti, conta como se sentiu nesse momento:

> Morreu há duas noites, depois de uma hemorragia no fígado que o martirizou. Você sabe que eu não me dava muito bem com meu pai, como em certos momentos e de certa forma eu quase o odiava; mas ele morreu de um jeito que agora faz com que eu me sinta culpado por qualquer sentimento que eu tenha tido em relação a ele.[24]

1959 Mais uma vez, Pasolini se dedica a revisões e correções de partes censuradas antes de ver publicado, pela Garzanti, o romance *Una vita violenta*, em maio. Nesse período, continua se envolvendo em polêmicas com outros escritores e intelectuais e, em novembro, participa de uma discussão com jovens fascistas ao receber o prêmio Crotone pelo romance recém-publicado. A revista *Officina*, agora sob responsabilidade da editora Bompiani, encerra suas atividades no início de 1959, após uma série de crises e a polêmica gerada pela publicação do poema "A un papa", de autoria de Pasolini, que criticava Pio XII. No verão, viaja pelo litoral italiano para realizar uma reportagem em três partes, encomendada pela revista *Successo*. Posteriormente, as partes são reunidas no livro *La lunga strada di*

23 Id., ibid., p. 132.
24 Id., ibid., p. 137.

sabbia [A longa estrada de areia]. Traduz a tragédia *Oréstia*, de Ésquilo, encenada por Vittorio Gassman no ano seguinte. Escreve canções para o espetáculo *Giro a vuoto* [Giro no vazio], de Laura Betti, a qual se torna uma de suas grandes amigas.

1960 Muitos trabalhos se desenvolvem concomitantemente no ano de 1960. Pasolini se dedica ao volume de ensaios *Passione e ideologia* [Paixão e ideologia], publicado em setembro; à coletânea de poemas, *La religione del mio tempo* [A religião do meu tempo]; a narrativas inseridas no volume *Alí dagli occhi azzuri* [Ali dos olhos azuis]; e a vários roteiros cinematográficos, entre os quais *La commare secca* [A comadre seca], projeto para um filme próprio. O projeto não se realiza, mas é o primeiro impulso que dá origem ao filme *Accattone*. Com produção de Alfredo Bini e tendo como protagonista Franco Citti, irmão de Sergio, o filme culmina também com a percepção da disseminação de valores neocapitalistas na sociedade italiana. Além disso, evidencia a necessidade para Pasolini de explorar uma nova linguagem, capaz de representar a realidade por meio dela mesma, perspectiva explorada em ensaios como "La lingua scritta della realtà" [A língua escrita da realidade] e "La sceneggiatura come 'struttura che vuol essere altra struttura'" [O roteiro como 'estrutura que quer ser outra estrutura'], posteriormente recolhidos no volume *Empirismo eretico* [Empirismo herege] (1972). Essas percepções e reflexões ficam claras também em sua nova coluna semanal, "Dialoghi con Pasolini" [Diálogos com Pasolini], publicada de 1960 a 1965 no jornal *Vie Nuove*, na qual responde às cartas de seus leitores. Nessas páginas, fala também das perseguições e das tentativas constantes de desmoralização que vem sofrendo, tanto em sua vida pessoal quanto em seu trabalho:

> Vocês veem como são cheios de maldade: uma maldade descoberta e sem pudor, por meio da qual me insultam diretamente, me atribuem sentimentos abjetos, me definem com brutal e indiscriminado desprezo. Essa é uma maldade que, a quem a sofre, causa uma dor profunda [...]. Mas isso é um sentimento privado: e eu quero guardar essa pena para mim: é o preço que deve pagar quem se compromete e luta. Certamente, o que

> eu devo pagar é particularmente pesado, às vezes me dá uma verdadeira sensação de desespero, confesso sinceramente. Se vocês vissem certos outros artigos que me chegam, sempre clericais e fascistas — e por vezes até mesmo vaticanos —, vocês se perguntariam como consigo suportar um peso tão grande.[25]

1961 Pasolini realiza, com os amigos Alberto Moravia e Elsa Morante, uma viagem pela Índia, Quênia e Zanzibar. Dessa experiência, nasce o volume *L'odore dell'India* [O cheiro da Índia], publicado em 1962.

> Eu estava no avião, o Comet que saiu de Nairobi às 16:30 do dia 15. Sob mim, a África estava desaparecendo, empobrecendo, precipitando-se de novo na não existência. Eu reprimia com dificuldade o desprazer de deixar aquele país onde estive por poucos dias, mas onde tive tempo de fazer amizades afetuosas. Os negros africanos são de uma simpatia única: orgulhosos, sérios, profundamente sãos. A recepcionista vem e me dá umas revistas: *magazines* italianos. A raiva, o sentimento de humilhação e mesquinhez, de sujeira que me deram aqueles jornais, eu só poderia descrever na língua emocionada da poesia. Foi um momento de desespero. Eu queria ficar em Mombasa para sempre. [...] Além disso, os problemas italianos, comparados com os da Índia, tinham se tornado de uma irrelevância e de uma simplicidade tais que maior era dentro de mim a fúria contra aqueles que, podendo resolvê-los, não os resolvem.[26]

Em maio, a coletânea *La religione del mio tempo*, dedicada à Elsa Morante, é publicada, com poemas escritos entre 1955 e 1960. Em setembro, finalmente apresenta *Accattone* no Festival de Veneza. O filme divide opiniões e sofre tentativas de censura, mas convence grandes nomes, como Franco Fortini, Anna Banti e Roberto Longhi. Logo em seguida, começa a elaborar, com Sergio Citti, seu novo

25 Id., ibid., p. 155.
26 Id., ibid., p. 165.

filme, *Mamma Roma*, a ser protagonizado pela atriz Anna Magnani. Pasolini, no entanto, se arrepende de tal escolha:

> Como escolho os atores pelo que são e não pelo que devem fingir ser, cometi um erro na avaliação da personagem e, embora Magnani tenha feito um esforço comovente para fazer o que eu pedia, a personagem não se revelou de verdade.[27]

Devido a uma situação mal explicada, é acusado de roubo à mão armada. Só acaba inocentado em 1965, por insuficiência de provas.

1962 Em maio, *Il sogno di una cosa* [O sonho de uma coisa], romance do período friulano escrito entre 1949 e 1950, é publicado. Em agosto, *Mamma Roma* é finalmente apresentado na Mostra de Cinema de Veneza, alcançando algum sucesso entre o público. Nesse mesmo ano, surge a ideia de fazer um filme sobre o evangelho de São Mateus, mas, antes, dedica-se ao episódio "La ricotta", parte do filme *Ro.Go.Pa.G*, título formado pelas iniciais dos diretores Roberto Rossellini, Jean-Luc Godard e Ugo Gregoretti, além de Pasolini. Em seu episódio, Pier Paolo reconstrói, em uma espécie de paródia autocrítica, a Paixão de Cristo, com a crucifixão do bom ladrão. Enquanto filma o episódio, conhece Ninetto Davoli, então com 14 anos. No início do ano, havia viajado com Alfredo Bini por Egito, Sudão e Quênia, para investigar as paisagens em que filmaria o que seria seu próximo filme, *Il padre selvaggio* [O pai selvagem]. Em dezembro, retorna aos países africanos com o roteiro do filme e a expectativa de o realizar, mas ele nunca chega a ser filmado por questões relacionadas à sua produção. Esse ano é, mais uma vez, marcado por linchamentos e acusações contra Pasolini. Parte das motivações para tais perseguições pode ser vista em um relatório inescrupuloso, redigido pelo professor Aldo Semerari e divulgado por uma agência de informação ligada à imprensa médica:

27 Id., ibid., p. 180.

> Pasolini é um psicopata do instinto, é um anômalo sexual, um homófilo no sentido mais absoluto da palavra. Pasolini é tão profundamente anômalo que aceita conscientemente sua anomalia até o ponto de se mostrar incapaz de avaliá-la como tal. [...] Pasolini é um homossexual exibicionista e skeptófilo [...], um sujeito com instintos profundamente distorcidos e com radicais grosseiros de insegurança.[28]

1963 "La ricotta" começa a circular e, em pouco tempo, é denunciado por vilipêndio à religião católica. Pasolini é condenado a quatro meses de reclusão, e o filme retirado dos cinemas. Ambas as condenações são posteriormente anuladas. Susanna e o filho se mudam uma última vez, em março, para um apartamento no bairro EUR, fora dos centros de Roma. Ali, estão acompanhados também por Graziella Chiarcossi, sobrinha de Susanna. A situação política e social da Itália justifica cada vez mais, segundo Pasolini, a realização de um filme baseado no evangelho cristão. Por isso, no verão daquele ano, Pasolini viaja para Israel e Jordânia a fim de pesquisar locações para seu novo projeto cinematográfico. O primeiro resultado é o documentário *Sopraluoghi in Palestina* [Locações na Palestina], apresentado em 1965 no Festival dei Due Mondi de Spoleto. Ali encontra, no entanto, um território industrializado e excessivamente moderno para as suas intenções. É na própria Itália, principalmente na cidade de Matera e em regiões do vulcão Etna, que encontra ambientes ainda não contaminados pelo modo de vida burguês. Em paralelo à preparação do longa *Il vangelo secondo Matteo* [O evangelho segundo Mateus], Pasolini se dedica ao filme-documentário *Comizi d'amore* [Comícios de amor], no qual lida com temas como sexualidade, divórcio e maternidade ao redor de toda a Itália, entrevistando pessoas comuns acerca dos assuntos investigados. As respostas são depois intercaladas a comentários do próprio Pasolini e de outros intelectuais, como o psicanalista Cesare Musatti, a jornalista Oriana Fallaci, Alberto Moravia e Giuseppe Ungaretti. Em carta a Lucio Settimio Caruso, explica seu projeto:

28 Id., ibid., p. 182.

> O filme foi se modificando continuamente, durante as filmagens, em uma série de "adaptações" aos resultados imprevistos que ele dava; resultados desanimadores, devo dizer, pela ignorância e superficialidade do italiano médio diante desses problemas. Ainda preciso terminar de filmar: não sei ainda, portanto, com precisão "o que" ele será; como eu, autor, reagirei aos traumas que a investigação me deu. Acredito, no entanto, que minha atitude será aberta, de pura pesquisa — e de ansiedade, justamente, pelo estado de carência em que encontro desesperadamente suspensos meus compatriotas...[29]

Trabalha também em dois projetos que envolvem reescrituras: *La divina mimesis* [A divina mimesis], em que pretende refazer a *Comédia* de Dante Alighieri, e a peça *Il vantone* [O fanfarrão], uma tradução em dialeto romano de *Miles glorioususus* [O soldado fanfarrão], de Plauto. Esta última é encenada em novembro daquele ano, em Florença, e posteriormente publicada em livro pela editora Garzanti.

1964 *Poesia in forma di rosa* [Poesia em forma de rosa], coletânea de poemas escritos entre 1962 e 1964, é publicada em maio pela Garzanti. Como Pier Paolo declara a Ferdinando Camon posteriormente, é um livro que "tem a forma interna, mesmo que não externa, de um diário, e conta ponto por ponto os progressos do meu pensamento e do meu humor nestes anos".[30] A coletânea de poemas, porém, não alcança o mesmo sucesso que as outras. Nesse mesmo período, Pasolini realiza as filmagens de *Il vangelo secondo Matteo*, filme finalmente apresentado em setembro no Festival de Veneza.

> Talvez seja exatamente porque sou tão pouco católico que pude amar o Evangelho e transformá-lo em um filme: não tenho dentro de mim as resistências internas contra a religião que inibem um marxista que tenha sido realmente um burguês

29 Id., ibid., p. 202.
30 Id., ibid., p. 206.

> católico. [...] Posso me sentir maravilhosamente bem entre católicos inteligentes, sentir um profundo carinho pela mansidão deles: não consigo ver o mundo de maneira maniqueísta. [...] Pude fazer como fiz, porque me sinto livre e não tenho medo de escandalizar ninguém.[31]

O filme gera um debate acalorado entre pensadores católicos e marxistas, que discutem se as suas motivações e os seus efeitos seriam verdadeiramente cristãos, e se poderiam ou não revelar uma tendência conservadora por parte do diretor. Em novembro, realiza uma conferência que depois é publicada na revista *Rinascita*. Em "Nuove questioni linguistiche" [Novas questões linguísticas], Pasolini constata a existência de uma língua nacional homogeneizada devido à padronização burguesa e tecnológica das manifestações linguísticas, reacendendo assim o antigo debate sobre a questão da língua italiana. A polêmica, levada adiante com vários intelectuais, ocupa as páginas de diversos periódicos durante os meses seguintes.

1965 Ainda colhendo os sucessos de *Il vangelo secondo Matteo*, Pasolini começa a pensar em um novo filme: *Uccellacci e uccellini* [Gaviões e passarinhos]. Protagonizado pelo grande ator italiano Totó, ao lado de Ninetto Davoli, que passa a representar o modelo de ator ideal não profissional desejado por Pasolini, além de um corvo falante, o filme discute, em chave cômica, o desaparecimento de um mundo e a crise ideológica que assola a sociedade italiana naquele momento. Em novembro, é publicada a coletânea de narrativas *Alí dagli occhi azzurri*, título sugerido por Jean-Paul Sartre, que inclui os roteiros de *La notte brava*, *Accattone*, *Mamma Roma* e "La ricotta", entre outras histórias. É convidado por Alberto Moravia e Alberto Carrocci para fazer parte da revista *Nuovi Argomenti*, convite que aceita com o objetivo de colaborar "ao esclarecimento, à configuração exata e à busca por uma solução à crise do marxismo".[32] Antes de o ano terminar, realiza mais uma viagem pelo norte da África, a fim de explorar o projeto de

31 Id., ibid., p. 210.
32 Id., ibid., p. 220.

um novo filme com Totó, a partir do romance *L'attenzione* [A atenção], de Moravia, o qual não chega a ser realizado.

1966 Logo no início do ano, Pasolini é acometido por uma crise de úlcera gástrica que o mantém na cama por um mês. Nesse período, enquanto se recupera, lê *Diálogos*, de Platão, que o inspira à escrita de seis tragédias: *Orgia*, *Bestia da stile* [Animal de estilo], *Pilade* [Pílades], *Affabulazione* [Afabulação], *Porcile* [Pocilga] e *Calderón*. *Bestia da stile* e *Calderón* são reelaboradas ao longo dos anos seguintes. A partir desse momento, o teatro passa a representar uma nova revolução estilística, após as experiências com a literatura e o cinema, em sua carreira. Antes de adoecer, Pasolini trabalha no roteiro de um filme sobre a vida de São Paulo, que não encontra meios para ser produzido. Em maio, lança *Uccellacci e uccellini*, filme bem recebido pela crítica. Em agosto, viaja a Nova York, onde conhece Allen Ginsberg. Fica admirado com a cidade:

> Na América, embora meu período de estadia tenha sido breve, vivi muitas horas no clima clandestino, de urgência revolucionária, de esperança, que pertencem à Europa de [19]44, [19]45. Na Europa tudo está acabado; na América tem-se a impressão de que tudo está prestes a começar. Não quero dizer que exista, na América, uma guerra civil, e talvez nem algo semelhante, nem quero profetizá-la; no entanto, vive-se lá como em uma véspera de grandes coisas.[33]

Em outubro, já está no Marrocos, trabalhando nas ambientações de seu novo filme, *Edipo re* [Édipo rei]. Em seguida, filma o curta-metragem *La terra vista dalla luna* [A Terra vista da Lua], como parte do filme *Le streghe* [As bruxas], composto por cinco episódios filmados por Pasolini, Luchino Visconti, Franco Rossi, Vittorio De Sica e Mauro Bolognini. É uma nova colaboração com Totó e Ninetto Davoli, além da atriz Silvana Mangano, que faz parte também de todos os outros episódios do filme.

33 Id., ibid., p. 229.

1967 Enquanto segue com as filmagens de *Edipo re* no Marrocos, Pasolini filma o episódio "Che cosa sono le nuvole?" [O que são as nuvens?], parte do filme *Capriccio all'italiana* [Capricho à italiana], estrelado por Totó, Ninetto e os amigos Laura Betti e Francesco Leonetti, entre outros. É sua última colaboração com Totó, que falece naquele ano. Quando finalmente *Edipo re* é lançado, em setembro, no Festival de Cinema de Veneza, deixa o seu público desorientado. Para Pasolini, no entanto, esse é o mais autobiográfico de seus filmes:

> Em *Édipo*, conto a história do meu complexo de Édipo. O menino do prólogo sou eu, o seu pai é o meu pai, oficial de infantaria, e a mãe, uma professora, é a minha mãe. Conto a minha vida, mitificada naturalmente, tornada épica pela lenda de Édipo. Mas, sendo o mais autobiográfico dos meus filmes, *Édipo* é o filme que considero com mais objetividade e distanciamento, pois, se é verdade que conto uma experiência pessoal, também é verdade que é uma experiência concluída que não me interessa mais.[34]

Trabalha incessantemente em diversos textos, com especial atenção a ensaios sobre técnicas cinematográficas, depois recolhidos em *Empirismo eretico*, e às peças de teatro. Entretanto, declara que não se dedica mais à escrita de poemas, por não considerar que ainda exista um público leitor interessado em sua produção poética:

> Eu não escrevo poemas porque não tenho destinatário. Não sei mais a quem me dirigir. [...] Quando o idealismo do poeta começa a se quebrar e assim também a fé no idealismo alheio, então ele sente que não há mais destinatário para a sua poesia. [...] O teatro, por outro lado, me permite fazer ao mesmo tempo poesia e romance. Poesia porque, como você sabe, escrevo minhas tragédias em versos, romance porque conto uma história. [...] O destinatário é aquele contra quem polemizo,

34 Id., ibid., p. XCVII.

> contra quem luto. O destinatário é meu inimigo, é a burguesia que vai ao teatro.[35]

Em outubro, grava a entrevista "Pasolini-Pound: un'ora con Ezra Pound", transmitida no ano seguinte na Itália pela Rai. Em dezembro, viaja para a Índia, onde filma o documentário *Appunti per un film sull'India* [Anotações para um filme sobre a Índia].

1968 Em março, o romance *Teorema*, nascido como texto dramático e logo em seguida transformado em filme, é publicado. O longa homônimo, centrado nos acontecimentos que acometem uma família burguesa, é ambientado em Milão.

> Eu diria que essa minha passagem para um ambiente burguês é puramente nominal. Porque não é que eu faça um filme de costumes sobre a burguesia; esses burgueses, aliás, nunca falam (o filme é quase mudo), então não usam seus modos de falar, não têm atitudes etc. Enfim, eles também são vistos de um modo particular, que eu chamo de "sagrado", com o qual vejo todos os seres humanos (especialmente, até agora, os subproletários).[36]

Candidato ao prêmio Strega, o romance não chega a integrar a lista dos livros finalistas, pois Pasolini se retira da competição. Escreve o poema "Il PCI ai giovani!!" [O PCI aos jovens!!], endereçado inicialmente à revista *Nuovi Argomenti* mas que, devido a uma manobra editorial, acaba sendo publicado no *L'Espresso*, com o título sensacionalista de "Vi odio, cari studenti" [Odeio vocês, queridos estudantes]. Por seu posicionamento polêmico, que se coloca ao lado dos policiais ao invés de defender os jovens supostamente revolucionários, considerados por Pasolini burgueses filhinhos de papai, o poema desperta um longo debate nas páginas da imprensa italiana. Com Ninetto Davoli, filma o episódio "La sequenza

35 Id., ibid., p. 233.
36 Id. ibid., p. 238.

del fiore di carta" [A sequência da flor de papel], para compor o filme *Amore e rabbia* [Amor e raiva], lançado em 1969. Começam as filmagens de *Porcile*, peça adaptada ao cinema que dá origem ao filme homônimo lançado no ano seguinte. Em agosto, Pasolini começa a colaborar com um novo periódico, *Tempo*, escrevendo a coluna "Il caos" [O caos], publicada até janeiro de 1970. Lança o "Manifesto per un nuovo teatro" na revista *Nuovi Argomenti*, no qual conceitualiza seu "teatro de Palavra". Ainda nesse âmbito, dirige a montagem de *Orgia* estreada no Teatro Stabile di Torino, com atuação de Luigi Mezzanotte, Laura Betti e Nelide Giammarco e trilha sonora de Ennio Morricone. Trabalha ainda na primeira versão do roteiro não filmado *Porno-Teo-Kolossal* e na ideia de um novo projeto cinematográfico, *Medea*, tendo como protagonista a cantora lírica Maria Callas.

1969 Em janeiro, Pasolini está na África, onde tinha passado as últimas festas de Natal. Ali, após a experiência de filmar *Appunti per un film sull'India*, concebe a ideia de um filme em cinco episódios sobre o Terceiro Mundo. *Appunti per un poema sul Terzo Mondo* [Anotações para um poema sobre o Terceiro Mundo] não chega a ser realizado, mas dá origem à filmagem de um único episódio, "Appunti per un'Orestiade africana" [Anotações para uma Oresteia africana]. Além disso, nos primeiros meses do ano, viaja a trabalho para Paris, Nova York e Aleppo. Em agosto, a peça *Pilade* é encenada no Teatro di Taormina, na Sicília, sob direção de Giovanni Cutrufelli. Em seguida, em setembro, Pasolini publica a tragédia *Affabulazione* na revista *Nuovi Argomenti*. São concluídas duas longas entrevistas: uma com Jon Halliday, "Pasolini on Pasolini", publicada no fim de 1969, e outra com Jean Duflot, "Entretiens avec Pier Paolo Pasolini", publicada no verão de 1970. Pasolini está trabalhando também em uma nova coletânea de poemas. Em 12 de dezembro, vivencia um fato histórico importante: uma bomba explode no Banco Nacional de Agricultura, na praça Fontana, em Milão, dando início aos anos de chumbo que marcam a Itália nos anos 1970. *Medea* estreia em 28 de dezembro.

1970 Após uma viagem pela África, com Alberto Moravia, Dacia Maraini e Maria Callas, está em março com a protagonista de *Medea* na Argentina para o Festival de Cinema de Mar del Plata. Durante a viagem, passa pelo Brasil e conhece Recife e Rio de Janeiro. Escreve alguns poemas sobre essa experiência, posteriormente recolhidos em *Trasumanar e organizzar*: "Comunicato all'Ansa (Recife)" [Comunicado à Ansa (Recife)], "Il piagnisteo di cui parlava Marx" [A choradeira de que Marx falava] e, o mais extenso entre eles, "Gerarchia" [Hierarquia]:

> Oh Brasil, minha pátria desgraçada,
> destinada sem escolha à felicidade,
> (de tudo são senhores o dinheiro e a carne,
> enquanto tu és tão poético)
> dentro de cada habitante teu, meu concidadão,
> há um anjo que nada sabe,
> sempre inclinado sobre seu sexo,
> e se move, velho ou jovem,
> para pegar armas e lutar,
> indiferentemente, pelo fascismo ou pela liberdade —
> Oh, Brasil, minha terra natal, onde
> as velhas lutas — bem ou mal já vencidas —
> para nós velhos recuperam significado —
> respondendo à graça de delinquentes ou soldados
> à graça brutal.[37]

Na primavera, começa a trabalhar em um novo projeto cinematográfico que envolve adaptar algumas novelas do *Decameron*, de Giovanni Boccaccio: "Foi uma grande vontade de rir que ins-

37 "O Brasile, mia disgraziata patria,/ votata senza scelta alla felicità, (di tutto son padroni il denaro e la carne,/ mentre tu sei così poetico)/ dentro ogni tuo abitante mio concittadino,/ c'è un angelo che non sa nulla,/ sempre chino sul suo sesso,/ e si muove, vecchio o giovane,/ a prendere le armi e lottare,/ indifferentemente, per il fascismo o la libertà —/ Oh, Brasile, mia terra natale, dove/ le vecchie lotte — bene o male già vinte —/ per noi vecchi riacquistano significato —/ rispondendo alla grazia di delinquenti o soldati/ alla grazia brutale." Pier Paolo Pasolini, "Gerarchia", in P.P. Pasolini, op. cit., 2003, p. 211.

pirou meu *Decameron*... não fui eu quem escolheu o *Decameron*, foi o *Decameron* que me escolheu".[38] Esse será o primeiro filme da Trilogia da Vida, composta também por *I racconti di Canterbury* [Os contos de Canterbury] e *Il fiore delle mille e una notte* [As mil e uma noites].

> Nesses filmes, eu quis representar uma realidade física, uma realidade corporal que eu via sendo destruída, justamente, por aquele genocídio do qual estamos falando, uma maneira de ser humano, de olhar, de falar, de se comportar, de fazer um gesto, de falar em dialeto, que está sendo destruída. Eu fiz esses três filmes para opor essa maneira de ser autêntica à poluição consumista. Essa era a minha intenção principal.[39]

Na primeira etapa da trilogia, apresenta os diálogos em dialeto napolitano e utiliza músicas tradicionais napolitanas. As filmagens ocorrem em várias localidades, entre elas o Iêmen, onde Pasolini aproveita para gravar o curta-metragem *Le mura di Sana'a* [Os muros de Saná], uma espécie de documentário que tem também a intenção de ser um apelo à Unesco para preservar a antiga cidade. Em novembro, compra a Torre de Chia, em Viterbo, onde planeja morar.

1971 No início do ano, começa a colaborar, como diretor, com a revista *Lotta Continua*, o que o leva a novas denúncias por instigação à desobediência ao Estado e por apologia ao crime. Em abril, publica, pela Garzanti, *Trasumanar e organizzar*, coletânea com poemas escritos entre 1968 e 1970. O livro e sua discreta recepção reacendem a polêmica alimentada por Pasolini nos anos 1960 em relação à neovanguarda literária, sobretudo aquela defendida pelo Grupo 63:

> Quanto ao silêncio que há ao meu redor, me parece apenas um sintoma de incompetência, de covardia, ou simplesmente

38 Nico Naldini, "Cronologia", in Pier Paolo Pasolini, *Teatro*, org. Walter Siti e Silvia De Laude. Milão: Arnoldo Mondadori Editore, 2001, p. CII.
39 "Cronologia", op. cit., 2021, p. 258.

> de ódio. [...] Foi a neovanguarda que tornou possível o transbordamento, lançando descrédito sobre tudo e todos, segundo uma estratégia de ataque indiferenciado... [40]

Trabalha no roteiro adaptado de *I racconti di Canterbury*, filmado na Inglaterra nos meses seguintes. Com o primeiro filme, *Decameron*, alcança grande sucesso na Itália e no exterior, mas novamente é denunciado por obscenidade. Na vida pessoal, o ano é marcado pelo noivado de Ninetto Davoli com Patrizia. Em carta a Paolo Volponi, Pasolini desabafa: "E eu, incapaz de aceitar essa horrível realidade, que não só arruína o meu presente, como também lança uma luz de dor sobre todos esses anos em que acreditei serem de alegria, pelo menos pela presença alegre, imutável dele".[41] Pasolini sofre profundamente pelo fato enquanto escreve os poemas de *L'hobby del sonetto*. Em dezembro, termina de conferir as provas de *Empirismo eretico* e viaja para a Síria, onde realiza as primeiras locações do terceiro filme de sua trilogia.

1972 A coletânea *Empirismo eretico*, com ensaios sobre cinema, literatura e linguística, é publicada em abril, mas novamente acaba sendo recebida com frieza pela crítica. Paralelamente, Pasolini trabalha em um romance de fôlego, *Petrolio*, uma espécie de suma de todo o seu pensamento: "Comecei um livro que me ocupará por anos, talvez pelo resto da minha vida. Não quero falar sobre isso, porém basta saber que é uma espécie de 'summa' de todas as minhas experiências, de todas as minhas memórias".[42] Trata-se de uma obra extensa e inacabada, que só viria a ser publicada postumamente em 1992. Em julho, apresenta uma versão preliminar de *I racconti di Canterbury* no Festival de Berlim, onde vence o Urso de Ouro. O diretor recebe, mais uma vez, denúncias por obscenidade, e o filme fica fora dos cinemas italianos até julho de 1973. No verão, em Sabaudia, escreve o roteiro do terceiro filme da trilogia, *Il fiore*

40 Nico Naldini, op. cit., 2001, p. CIII.
41 "Cronologia", op. cit., 2021, p. 269.
42 Id., ibid., p. 272.

delle mille e una notte, cujas pesquisas para locações e seleção de elenco são realizadas em diversos países africanos e do Oriente Médio. No fim de novembro, começa a escrever resenhas literárias para o periódico *Tempo Illustrato*. Esses textos são postumamente recolhidos no volume *Descrizioni di descrizioni* [Descrições de descrições], publicado em 1979.

1973 No dia 7 de janeiro, publica o artigo "Contro i capelli lunghi" [Contra os cabelos compridos], sua primeira colaboração para a coluna "Tribuna aberta", mantida no *Corriere della Sera* até 1975, com artigos sobre política, cultura e sociedade, posteriormente reunidos no volume *Scritti corsari* [Escritos corsários] (1975). Em março, inicia finalmente as filmagens de *Il fiore delle mille e una notte*. Em setembro, é publicada a peça teatral *Calderón*, pela Garzanti.

> Tenho certeza de que *Calderón* é uma das minhas conquistas formais mais seguras. O caminho de *Le ceneri di Gramsci* e dos volumes de versos dos anos 1950 voltou aqui, creio, a fluir com plenitude, após um longo período de aridez (ao qual minha vontade não se opôs). Fluir formalmente, mas também politicamente.[43]

Pasolini volta a escrever poesia, com "Ai students grecs ta un flat" [Aos estudantes gregos em um sopro]. É o primeiro texto de uma nova série de poemas ítalo-friulanos, "Tetro entusiasmo" [Tetro entusiasmo], parte da coletânea *La nuova gioventù* [A nova juventude], a qual, acrescida de novos poemas, é também uma reformulação da antiga coletânea friulana da juventude.

1974 Finalmente, é lançado *Il fiore delle mille e una notte*, completando assim a Trilogia da Vida. Contudo, a sequência de filmes, apesar do sucesso e dos diversos prêmios recebidos, não é bem compreendida pela crítica. Segundo Pasolini, "os críticos não conseguiram

43 Id. ibid., p. 284.

entender o sentido dessa experiência, esse entrar na mais misteriosa das engrenagens do fazer artístico, esse proceder na ontologia do narrar; no fazer cinema, cinema".[44] Durante o verão, escreve o apêndice à peça *Bestia da stile*. Também publica, no jornal *Il Mondo*, o primeiro canto de *La divina mimesis*, projeto iniciado em meados dos anos 1960 e retomado para ser publicado em 1975. Segue escrevendo poemas, que integram *La nuova gioventù*, e artigos jornalísticos, que continuam suscitando polêmicas. Utiliza, em um desses textos, o conceito de "mutação antropológica" para dar conta da transformação social pela qual passa a Itália, tornando-se cada vez mais padronizada pelo consumismo neocapitalista. Rompe o contrato que mantinha com a editora Garzanti e assina com a Einaudi, que passa a publicar seus livros. Decide retornar ao PCI, após anos de desavença: "Agora o Partido Comunista está muito forte e tem, portanto, em suas mãos a possibilidade de instaurar uma política cultural decisiva".[45]

1975 Pasolini define este período como sendo "de grande fervor criativo, de enamoramento literário".[46] Envolve-se com o projeto de um novo filme, uma adaptação da obra de Marquês de Sade: *Salò, ou os 120 dias de Sodoma*, cujas primeiras filmagens se iniciam em março. Em agosto, as fitas são roubadas, junto com outros filmes, do estúdio da Technicolor, em Roma. O filme de Pasolini é lançado em novembro, postumamente. Ainda em fevereiro, publica o roteiro de *Il padre selvaggio*, filme que permanece como um projeto não concluído, assim como o roteiro sobre São Paulo. Em janeiro, publica o artigo "Sono contro l'aborto" [Sou contra o aborto], no *Corriere della Sera*, suscitando a maior polêmica ocorrida em sua "fase corsária", a qual o mantém ocupado por alguns meses. Em maio, sai, ainda pela editora Garzanti, o volume *Scritti corsari*, que reúne duas séries de artigos jornalísticos escritos entre 1973 e 1975, acompanhados de alguns textos até então inéditos. Ainda na imprensa italiana,

44 Nico Naldini, op. cit., 2001, p. CVII.
45 Id., ibid., p. CVII.
46 "Cronologia", op. cit., 2021, p. 293.

publica em março, no *Il Mondo*, a primeira parte de uma série que permanece inconclusa. Trata-se de um tratado pedagógico, dedicado a um jovem napolitano inventado, cujo nome é Gennariello. A série, ao lado de outros artigos jornalísticos, dá origem ao volume *Lettere luterane* [Cartas luteranas], publicado postumamente em 1976. Em maio, a coletânea *La nuova gioventù* é publicada, composta pela releitura dos poemas de *La meglio gioventù*, além de duas seções de novos poemas reescritos ou publicados esparsamente nos anos 1970. Em outubro, entrega à Einaudi o esboço de *La divina mimesis*. No mesmo mês, são publicados os roteiros dos filmes da Trilogia da Vida, acompanhados pelo ensaio "Abiura dalla trilogia della vita" [Abjuração da Trilogia da Vida], em que explica as razões pelas quais abjurava seus filmes:

> Primeiro: a luta progressista pela democratização expressiva e pela liberalização sexual foi brutalmente superada e anulada pela decisão do poder consumista de conceder uma vasta (embora falsa) tolerância.
> Segundo: até a "realidade" dos corpos inocentes foi violada, manipulada, danificada pelo poder consumista: antes, essa violência sobre os corpos tornou-se o dado mais macroscópico da nova era humana.
> Terceiro: as vidas sexuais privadas (como a minha) sofreram o trauma tanto da falsa tolerância, quanto da degradação corporal, e aquilo que nas fantasias sexuais era dor e alegria, tornou-se uma suicida decepção, uma acídia informe.[47]

Faz uma viagem a Estocolmo, para um encontro sobre língua e dialeto no Instituto Italiano de Cultura. Passa por Paris e retorna a Roma, em 31 de outubro. No dia 1 de novembro, à tarde, recebe Furio Colombo em sua casa para uma entrevista que tem como título, por sugestão sua, "Siamo tutti in pericolo" [Estamos todos em perigo]: "Espero que você olhe ao seu redor e perceba a tragédia. Qual é a tragédia? A tragédia é que não existem mais seres humanos, existem estranhas máquinas que se chocam umas contra

47 Id. ibid., p. 300.

as outras".[48] Na madrugada entre os dias 1 e 2, Pasolini é brutalmente assassinado, em condições até hoje controversas, na região litorânea de Ostia, próximo a Roma. É sepultado no cemitério de Casarsa della Delizia, ao lado do pai, do irmão e, futuramente, da mãe, morta em 1981.

48 Id., ibid., p. 307.

Traduções de Pasolini publicadas no Brasil

A hora depois do sonho.
Trad. Edilson Alkmin Cunha.
Rio de Janeiro: Bloch Editores, 1968.

Teorema.
Trad. Fernando Travassos.
Rio de Janeiro: Editora Nova Fronteira, 1968.

O pai selvagem.
Trad. Silvana S. Rodrigues.
Rio de Janeiro: Editora Civilização Brasileira, 1977.

Caos: crônicas políticas.
Trad. Carlos Nelson Coutinho.
São Paulo: Editora Brasiliense, 1982.

Amado meu: precedido de Atos impuros.
Trad. Elizabeth Braz, Luiz Nazário.
São Paulo: Editora Brasiliense, 1984.

Meninos da vida.
Trad. Rosa Artini Petraitis e Luiz Nazário.
São Paulo: Editora Brasiliense, 1985.

Diálogo com Pier Paolo Pasolini.
Trad. Nordana Benetazzo.
São Paulo: Nova Stella Editorial, 1986.

Os jovens infelizes.
Trad. Michel Lahud e Maria Betânia Amoroso.
São Paulo: Editora Brasiliense, 1990.

Alì dos olhos azuis.
Trad. Andréia Guerini, Bruno Berlendis de Carvalho, Maria Cristina Pompa e Renata Lucia Bottini.
São Paulo: Berlendis e Vertecchia, 2006.

Poemas: Pier Paolo Pasolini.
Trad. Maurício Santana Dias.
São Paulo: Cosac Naify, 2015
(no prelo: Cosac, 2026).

Escritos corsários.
Trad. Maria Betânia Amoroso.
São Paulo: Editora 34, 2020.

As cinzas de Gramsci.
Trad. Alexandre Pilati.
Brasília: C14, 2021.

Porno-Teo-Kolossal.
Trad. Andityas Matos.
São Paulo: sobinfluencia, 2024.

O cheiro da Índia.
Trad. Davi Pessoa.
Florianópolis: Cultura e Barbárie, 2024.

A divina mimesis.
Trad. Cláudia Tavares Alves.
São Paulo: Edições Jabuticaba, 2025.

Teorema.
Trad. Maurício Santana Dias.
São Paulo: Cosac, no prelo.

Créditos das imagens

Capa Laura Betti e Luigi Mezzanotte em *Orgia,* direção de Pasolini, no Teatro Stabile di Torino (TST), nov. 1968. Foto: Vitaliano Davetti/Arquivo da Biblioteca do Teatro Stabile di Torino.

p. 1 Pier Paolo Pasolini em entrevista para *La Stampa,* durante ensaios de *Orgia* no Deposito D'Arte Presente di Torino (Teatro Stabile di Torino), nov. 1968. Foto de autoria desconhecida/Arquivo da Biblioteca do Teatro Stabile di Torino.

p. 3 Laura Betti e Alessandro Habler em *Orgia* pelo Teatro Stabile di Torino, em 1984-85, direção de Mario Missiroli; cenários e figurinos de Enrico Job. Foto: Maurizio Buscarino/Arquivo da Biblioteca do Teatro Stabile di Torino.

p. 4 Estrutura cênica de Mario Ceroli para *Orgia* no Salone Sotterraneo dell'Unione Culturale (Teatro Carignano, Turim), dezembro de 1968. Foto: Piergiorgio Naretto/Arquivo da Biblioteca do Teatro Stabile di Torino.

p. 8-9 Laura Betti em *Orgia,* no Teatro Stabile di Torino, dez. 1984. Foto: Maurizio Buscarino/Arquivo da Biblioteca do Teatro Stabile di Torino.

p. 10-11-12 Alessandro Habler e Daniela Vitali em *Orgia,* no Teatro Stabile di Torino, 1984-85. Foto: Maurizio Buscarino/Arquivo da Biblioteca do Teatro Stabile di Torino.

p. 22 Luigi Mezzanotte e Nelide Giammarco em *Orgia* no TST, nov. 1968. Foto: Vitaliano Davetti/Arquivo da Biblioteca do Teatro Stabile di Torino.

p. 25 Anúncio de apresentações de *Orgia* no Teatro Stabile di Torino, dez. 1968. Arte não creditada/Arquivo da Biblioteca do Teatro Stabile di Torino.

p. 42 e 52 Luigi Mezzanotte em *Orgia,* com direção de Pasolini, no TST, nov. 1968. Foto: Vitaliano Davetti/Arquivo da Biblioteca do Teatro Stabile di Torino.

p. 66-67 Reportagem da revista *Specchio* (29 dez. 1968): "Em Turim, Pasolini pede ajuda à polícia / Como termina uma orgia de P. P.". As legendas dizem que o retrato de Laura Betti seria "do tempo em que ela era uma 'cantatriz jaguar' ídola da intelectualidade *snob*" e que Pasolini se encontra "pensativo diante de uma série de copos, enquanto os estudantes democráticos e antichineses perguntavam educadamente sobre a necessidade de dizer tantas porcarias para mudar uma sociedade na qual [os autores] usufruem de todas as vantagens". As demais legendas situam "contestação antipasoliniana dos estudantes da universidade piemontesa ao solicitarem diálogo com o público" e "intervenção dos policiais chamados pela direção católico-comunista do Teatro Stabile di Torino para *Orgia,* um dos tantos espetáculos que sobem à cena a expensas do contribuinte". Arquivo da Biblioteca do Teatro Stabile di Torino.

p. 80-81 Reportagem da revista *Ciao Big* (20. dez. 1968): "Uma outra visão de mundo — entrevista com Pier Paolo Pasolini em sua estreia como autor teatral". Arquivo da Biblioteca do Teatro Stabile di Torino.

p. 95-96-97 Laura Betti e Luigi Mezzanotte em *Orgia*, direção de Pasolini, no TST, nov. 1968. Foto: Vitaliano Davetti/Arquivo da Biblioteca do Teatro Stabile di Torino.

p. 98-99 Reportagem da revista italiana *ABC* (13 dez. 1968) com fotos dos intérpretes Luigi Mezzanotte e Nelide Giammarco e o título "O enforcamento do travestido". Arquivo da Biblioteca do Teatro Stabile di Torino.

p. 110 Moradores de Praga entre multidão de cem mil pessoas no enterro de Jan Palach, em 25 de janeiro de 1969. O poeta se suicidou em praça pública, em protesto contra a invasão soviética da Checoslováquia. Foto de autoria desconhecida.

p. 112-113 Tanque soviético abre caminho contra barricada improvisada por populares à frente da Rádio Checoslovaca, em agosto de 1968. Sovfoto/UIG/AGB Photo Library.

p. 114-115 Em Bratislava, atual capital da Eslováquia, 21 de agosto de 1968, o encanador Emil Gallo exibe seu peito a tanque soviético das tropas do Pacto de Varsóvia. Ladislav Bielik/akg-images/Album/Fotoarena.

p. 116-117 Estudante checo agita bandeira sobre tanque russo, em 21 de agosto de 1968, data da invasão da Checoslováquia em reação à chamada Primavera de Praga, iniciada com a eleição de Alexander Dubček como primeiro-secretário do Partido Comunista, em janeiro do mesmo ano. Tallandier/Bridgeman Images/Keystone Brasil.

p. 247 Debate de Pasolini e dos intérpretes de *Orgia* com o público, nov. 1968, no Deposito D'Arte do TST. Fotos: Vitaliano Davetti/Arquivo da Biblioteca do Teatro Stabile di Torino.

p. 248, 268 e 306 Pasolini em entrevista ao jornal *La Stampa*, no Deposito D'Arte (TST), nov. 1968. Foto de autoria desconhecida/Arquivo da Biblioteca do Teatro Stabile di Torino.

p. 312 Pier Paolo Pasolini em coletiva de imprensa sobre o filme *Teorema* (3 fev. 1969). AGIP/Bridgeman Images/Keystone Brasil.

Dados Internacionais de Catalogação na Publicação (CIP)
(Câmara Brasileira do Livro, SP, Brasil)

Pasolini, Pier Paolo, 1922-1975
Teatro : volume 1 : Orgia, Animal de estilo / Pier Paolo Pasolini ; organização Alvaro Machado ; tradução Maria Betânia Amoroso, Cláudia Tavares Alves , Alvaro Machado. — 1. ed. — São Paulo : Cosac, 2025.

Título original: Orgia e Bestia da stile.

ISBN 978-65-5590-023-1

1. Teatro italiano I. Machado, Alvaro. II. Título.

25-280730 CDD-858

Índices para catálogo sistemático:
1. Teatro italiano 858

Aline Graziele Benitez — Bibliotecária — CRB-1/3129

Nesta edição respeitou-se o novo Acordo Ortográfico da Língua Portuguesa.
1ª edição, 2025.

Teatro, vol. 1:
Orgia e Animal de estilo

organização e edição
Alvaro Machado

preparação de texto
Bruno Rodrigues

projeto gráfico
Raul Loureiro

revisão
João Gabriel Telles

tratamento de imagens
Jorge Bastos/Motivo

produção gráfica
Acássia Correia Silva

COSAC RANGEL EDIÇÕES LTDA.
Alameda Campinas 463/33
Jardim Paulista 01404-902 São Paulo SP
contato@cosacedicoes.com.br
cosacedicoes.com.br

Este livro foi impresso na Ipsis Gráfica e Editora,
no papel offset 90 g/m², em julho de 2025.
As fontes utilizadas na composição do texto são
a Futura e a Sabon.